哀しむことができない

社会と深層のダイナミクス

荻本 快

木立の文庫

まえがき

「なぜ、わたしの会社では同じ問題が繰り返されるのだろう?」「どうしてわたしの学校では、こんな悪い習慣が続いているのだろう?」と、疑問に思ったことはないでしょうか。あるいは、「自分はいつも、同じようなことや似たようなことで、組織や社会に対して問題意識をもち、憤りを感じてしまう」と気づいたことはないでしょうか。

なかには、そういった組織・社会に関する問題意識によって、何かのときに勇気を出して声を上げたことがある方がおられるかもしれません。そして、予想に反して、組織から受け入れられず、叩かれ、発言する場所を奪われたり、あげくの果てに、口をつぐんでしまったりした経験をもつ方も、おられるのではないでしょうか。残念ながら組織・社会は変わらないと思って、あきらめて無気力になったことがある方も、いらっしゃるはずです。

よく知られた寓話「裸の王様」では、子どもが『王様は裸だ！』と言ったとき、即座に周囲の人たちが『そうだね、自分の目がおかしいのかと思っていたけど、ほんとうに王様は裸だよね』と、子どもに同意するのですが、日本ではなかなかそうはいかないようです。『王様は裸だ』と言ってしまった人は、逆に、ハブられ、身元を明かされ、叩かれ、やり玉となり、吊し上げられる。そうしたことが繰り返されてはいないでしょうか。

組織・社会の問題を指摘するときには、たとえ熟慮を重ねたうえでの発言だったとしても、当然、私たちには「こんなことを言ってもよいのだろうか？」という、心のなかの制止が起きます。そのため、私たちの発言は、うわずったり、緊張したり、ときに感情的になってしまう。相手が見えなくなることも起きます。社会・組織の問題であることはわかっているものの、どうしても個人的な疼きと重なるのです。

そのようなときに私たちは、組織の〝いつもの感じ〟と自分が失敗する〝いつもの感じ〟の両方に絡めとられているように感じます。まるで、組織・社会のダイナミクスと個人のダイナミクスが交叉して生じる渦にはまっているかのようです。その渦から抜け出ようとして、発言はときに激烈なものになることがあります。つい発言に力が入り、感情的になってしまうのです。

発言者のそうした感情的に見えるふるまいは、組織において権力をもっている人にとっては都合がよいでしょう。確かに、組織の問題点やタブーにしてきたことが顕わになっているのですが、そこに発言者の個人的な〝いつもの感じ〟や「感情的なふるまい」が重なるので、組織の責任者としては『またあいつがやっている』と言い、『あいつは和を乱す変なやつだ』『空気の読めないやつだ』と言って、発言者の個人的な問題であることを強調する雰囲気を、組織内に作り出せるからです。

発言者の指摘しているポイントは、責任者あるいは組織全体にとって耳が痛い問題、あるいはタブーにしてきた問題であることが多く、それだけに、発言者への「叩き」や「ハブり」は強烈になります。実際に組織の責任者は人を動かす力を持っているので、組織・社会全体に聞こえないよう、発言者の口を封じたり、除外したりすることは簡単です。なにせ、クリックひとつで人を発言の場から出し入れすることができる時代ですから。

タブーを指摘した個人を皆の前で排除してハブることは、見せしめの効果があり、それを目撃した組織のメンバーは、自分が生贄になることを避けるために、ますますリーダーに同調するか、組織・社会の無言の圧力に同調するか、傍観者となります。こうして、「王様は裸」であることが当たり前の社会が出来上がっていくのです。組織の問題は闇に葬られ、個人はハブられ、スケープゴートとなります。度重なる排除によって無力になった個人は、「どうせ言っても無駄なんだ」というように、行動しないことを学んでしまう。ひどい場合には、この社会で生きていくことをやめてしまうことすらあります。

＊　＊　＊

社会（組織）と個人の問題が交叉する点でこそ、私たちは口をつぐみ沈黙するようになってしまう。

私たちはこの組織・社会の〝いつもの感じ〟（反復）と個人の〝いつもの感じ〟（反復）が重なる点、社会と深層が織りなす反復のダイナミクスのなかで、どのように生き抜いていけばよいのでしょうか。

もしかしたら、発言者・告発者たちが集まることで、声を上げることができるかもしれません。Me too 運動や Black Lives Matter 運動はその例でしょう。口をつぐんできた個人、発言権を奪われてきた個人が集まり、声を上げて社会の変革や環境の変化を求める。

忘れてはならないのですが、運動が成功したとき、あるいは環境を変化させた後に、私たちは気づきます——なにか、自分のなかに、運動の成就や環境の変化でも解消し得ないような、非常に個人的なものが残っていることに……。あるいは、団結するときには無視して考えないようにせざるを得なかった、個別的なものが、塊のように凝固していることに……。他人には到底わかってもらえなさそうなことが、自分の心の深いところに残っていることに、私たちは思い当たるのです。

そういった、社会的・組織的な運動によっては手の届かない、傷つきの個別的なものに気づいたとき、ある人は詩を書いたり読んだりするのかもしれませんし、ある人は、音楽をつくったり聴いたりするのかもしれません。芸術（アート）には、個人の傷つきの個別的な部分を、他者が受け取れる可能性があるものへと変換するはたらきがあると思います。その観点からすると、サイコセラピー（心理療法・精神療法）は、対話のアートでもあります。

体験の個別的な部分、あるいはその人にとっての真実に近づくことは、痛みを伴うものであり、不快でもあります。だから私たちは、自分にとってのタブー（あるいは、自分が抱えてきた社会・組織のタブー）を言葉にしようとするときに、蓋をしたくなったり、逃げたくなったりします。そうしたときに、いったい何が起きているのでしょう。そこで精神分析は、どのようにセラピーの対話を調整し、真実へと近づいていくことができるのかというサイエンスを発展させてきました。

このサイコセラピーというアート／サイエンスでは、話す人とそれを聴く人が、秘密が保障される場所に集まり、話す―聴くという関係を結び、その関係を発展させていきます。そして時間をかけて、話す人の抱える傷つきの非常に個別的な部分が「誰かに届き受け取られ得るものになった」感覚がもたらされることを目指します。

自分のなかにあるものを誰かに聴いてもらった、ちゃんと伝わったと感じられたとき、私たちは、心の底に残っていた何かが少し変わったように感じるのです。あるいは、固まっていた何かが解けていくように感じるのです。

最初に述べた〝いつもやってしまう〟感じというのは、精神分析というサイコセラピーのある体系のなかで、〈反復強迫〉とか〈劇化〉という言葉で検討されてきました。そしてこの〝いつもやってしまう〟感じは、個人だけでなく、組織や社会においても起きると考えられてきました。

ジグムント・フロイトを始めとする精神分析を提供する臨床家たちは、文化や社会・組織の成り立ちや歴史、あるいはそこで広く共有されている神話や物語を分析することで、社会や文化における〈反復強迫〉を理解しようと努めてきたのです。

この本でも、上記のような日本における「スケープゴート」という問題だけでなく、それと深く関連としていると思われる、日本社会が抱えているひとつの〝いつもやってしまう〟感じに注目し、それを分析することを試みます。

＊　＊　＊

それは、日本社会における「復興」という動きにひそむ〈反復強迫〉的な側面です。日本では、社会全体に影響を与えるような災害（自然災害・戦災・人災など）を被って、大きな喪失があったとしても、すぐに全体的な態度が「復興」へと移行します。最近では二〇一一年の東日本大震災の後にそれが見られました。約一万五千人の命が失われた災害の後、政府も、人心も、巨額の資金をかけた「復興」へと向かい、失われた命とその遺族のために時間と人を尽くしたとは言えないと思います。

東日本大震災からの復興という大義を謳った東京オリンピックが、二〇二一年八月という

COVID-19による記録的な死者と感染者を出しているその頂点において強行されたことにも、それは象徴的に現れていると考えられます。

結局、東京オリンピックでは、東日本大震災の喪失の問題はうやむやになり、コロナによる死者数という生死をめぐる事態の深刻さを示す数字が、メダル数や新記録といった熱狂的な数字によって塗りつぶされたのです。そして一人ひとりの命の死の重みも、お祭り騒ぎのなかで、軽視されたように思われます。


どうして私たちは、もっとも哀しむべきときに、死者を悼む代わりに、死にものぐるいで身体を動かし、結果や数字を追い求めて働いてしまうのでしょうか。そして、いつから私たちは、記録や数字といった分かりやすいものを重要視するようになったのでしょうか。

精神分析の創始者であるジグムント・フロイトは、人が自分にとって大切な人を失くしたときには、それを受け入れ、こなし、その人がいない世界で生きていくことを認めていく過程を経ると指摘し、それを〝喪の作業〟と名づけました。喪の作業を経ることで初めて、人はその人に対する情緒や感情を認め、〝哀しむこと〟ができる、と考えたのです。

そして、哀しみへと至る路が困難であることも彼は指摘しました。哀しむことが不能となった場合、あるいはその作業を放棄した場合には、メランコリーという空虚へと落ち込むことを示したのです。


本書では、「復興への注力と、〝喪の作業〟の軽視は、現代の日本社会が抱える反復強迫ではないか」という仮説のもと、この〈反復強迫〉がいかなるメカニズムで起き、どのように今も私たちのこころに影響を与えているのか、考えていきます。

その際には、フロイトの精神分析のアートとサイエンス、そしてドイツの精神分析家のミッチャーリヒ夫妻と日本の精神分析家の北山修、第二次世界大戦中に米国で活躍した人類学者であるジェフリー・ゴーラーにもとづき、私たちの思考を進めていきたいと考えています。

中心となる考え方は、第二次世界大戦後、占領期に起きた「現人神《あらひとがみ》としての天皇の喪失」という問題です。

＊　＊　＊

この本が、社会と深層のダイナミクスのなかで言葉が失われてしまった方々、諦めてしまった方々にとって、「あのときに何が起きていたのか」を考えるきっかけとなり、そのダイナミクスのなかで言葉を回復し生き残っていくことを、目指す一助になればと願っています。

また、大切な人を失って以降、時間が止まったように思われる日々を過ごしている方々、誰にも言えない傷つきを抱えて生きづらさを感じておられる方々と、ご一緒できればと願っています。

哀しむことができない　目次

本書プロローグからエピローグまでの本文下のスペースには、読者の便宜を期して次の三種の記載が施されている。

a：＋ワード解説——精神分析の基本概念ほか、本文の読解に資すると思われる語意を簡略に。
b：◇キーワード——文中の説明で了解できるものの、読み進めるに際しての指標として。
c：キーセンテンス——文脈のなかでポイントとなるフレーズを、味読の補足として。

なおaについては、次の書籍が参考にされている——『フロイト著作集』人文書院、『精神分析事典』岩崎学術出版社、『喪われた悲哀』河出書房新社、『象徴天皇制の起源』平凡社新書、『集団精神療法の基礎用語』金剛出版、『日本人の〈原罪〉』講談社現代新書。

プロローグ――境界が閉じること、開かれること

精神分析の創始者ジグムント・フロイトが設立した国際精神分析協会（ＩＰＡ *International Psychoanalytical Association*）は二年に一回、学術的な大会を開催します。そこには世界各地の精神分析家、精神分析的な治療を実践する専門家、精神分析に関心がある人文学者や作家、そしてアーティストが集まり、精神分析という臨床と思想に関する最新の知見が紹介され、新しい考え方や実践の報告があり、意見が交わされます。

二〇一九年の終わりに新型コロナウイルスが世界中で流行する直前、五一回目

の大会が七月のロンドンで開催されました。この大会をホストしていたのは、地元イギリスの協会であった英国精神分析協会 *British Psychoanalytic Society* と英国精神分析学会 *British Psychoanalytic Association* でした。いまもっとも精神分析が盛んな英国での開催とあって、多くの参加者があり、国際色豊かな大会となりました。

精神分析的なグループセラピー（集団分析）の発祥地✢でもある英国らしく、この大会では五日間の会期を通じて「体験グループ」がありました。これは簡単に言えば、専門家向けのグループセラピーで、大きな会場に席が円状や渦巻き状に配置してあり、学会の参加者がそこに座って思いついたことを自由に話すことができるというプログラムです。企画者であるリーダーが主導する場合もあれば、まったくグループに関与しない場合もあります。

渦巻く、集合的な思い

この大会での発表が予定されていた私は、生まれて初めてのＩＰＡの学術大

✢集団分析の発祥地
Ｓ・フークス創始の集団精神療法では、テーマを定めずその場で思いついたままを話し合う自由集団連想がなされ、ロンドンの研究所で訓練される。

会に有頂天になって参加していました。私は精神分析の訓練生 *candidate* で、精神分析的な「個人療法」を実践しているのですが、「グループセラピー（集団療法）」も実践しています。そこで、ＩＰＡでおこなわれる「体験グループ」はどのようなものか関心があり、大会二日目の体験グループに参加しました。

◇体験グループ

会場に入ると、部屋は薄暗くされており、百脚近くの椅子が渦巻状に配置されています。渦巻の中心に近い二列目くらいの席に、私は座りました。部屋の照明が落とされているので、他の参加者の顔はかろうじて見えるか見えないかぐらいです。会場は満員に近かったように思います。

時間になり、参加者が会期中に見た夢や白昼夢、イメージや考えを話していきます。私はそれらに刺激を受けて「自分も話したいことはあるだろうか？」と、心のなかで起きていることを探っているときでした。

ある参加者が、自分は東アジア地域の出身者であると述べたうえで、次のように言ったのです――

『わたしは会場で日本からの参加者を見た。顔を見ると日本人であるかはすぐに分かる。日本は第二次世界大戦以前から、わたしの出身地で残虐な行為をしてきた。そのような日本から来た人と同じ会場に居ることが恐ろしい。怖い。』

私は驚いて、その発言者の視線が自分に向かっていないことを確認し、自分はこれに応えるべきだろうかと考え、その発言者の英語の流暢さと、自分がこういった場で英語を操ることのできる能力を比較して、自分の英語力が劣っていることを即座に判断します。

他の参加者が『なぜ日本人だということが分かるのか』と問いかけたのに対して、その発言者は『東アジア以外の人には見分けがつかないかもしれないが、東アジアのなかでは互いに、しぐさや表情、顔のつくりで見分けるのは簡単だ』と答えたうえで、もう一度『同じ会場に日本人がいるのは、わたしにとって脅威だ』と述べます。それに対して何人かの参加者が同情的な視線を送っているように私は感じて、「自分が何を言ったとしても自分は孤立するのではないか」と思い、何も言うまいと決めてしまいました。

そのあとに、言いようのないような、「後ろめたさ」と「怒り」が混ぜ合わさった感情に襲われます。私はそのときの感覚を決して忘れることはないでしょう。いま考えれば、「生まれて初めて参加する、しかもロンドンでおこなわれるIPAの大会で、なぜこのような日本人としての見かけを意識しなければならないのか。差別ではないか」という憤りを感じるとともに、有頂天になって参加していた自分の浅はかさに気づき、脳天をガンと叩かれたような思いでした。「戦争のことは、国際的な場に出て行ったらどこでもついてまわるのだな」と、改めて実感したのです。

そして、これほど心が揺さぶられる経験をしながら、そして集団療法の実践者でありながら、グループのなかで孤立することを恐れて何も発言することができ

戦争のことは、ついてまわるのだな

なかった自分を、恥ずかしいと思いました。

このように、ひとたび国際的な場面に出ると、否応なしに十五年戦争✢での残虐行為・非人道的行為の歴史に直面することになります。たとえ忘れていたとしてもその歴史がついてまわると言ったほうがよいかもしれません。

いまに連なる背景

S・フロイトは〈トラウマ〉を主たる仕事にしなかったものの、その後のシャーンドル・フェレンツィをはじめ多くの精神分析家がトラウマの治療に携わってきています。いまやトラウマは、精神分析的臨床の主要な研究・実践領域になりつつあると言えるでしょう。

また、フロイトをはじめとして、精神分析の黎明期の分析家にはユダヤ人が多

✢十五年戦争
一九三一年の満州事変から一九四五年の敗戦までの全期間を一括した呼称。

◇トラウマ

く、いまも多くのユダヤ人が精神分析を実践して研究しています。ホロコーストをめぐるナチスドイツによるユダヤ人の大量虐殺という圧倒的な「集合的トラウマ」「喪失」と、その問題が家族やその子どもの人生に影響を与えてしまうという「世代間伝達」について、精神分析の領域で長く議論されています。日本がおこなった残虐行為とそれによって日本が相手方にもたらしたトラウマや喪失の問題は、国際的な精神分析の場に身を置いたときに必ず問われます。

◇世代間伝達

国際的な場では、いくら世界市民を気取っていたとしても、あるいは一人の個人として振る舞っているつもりでも（あるいは一個人として扱われることを希望していたとしても）、自分自身の出身国や民族の問題を切り離して過ごすことは、不可能ではないかと思います。先の体験グループの例のように、誰かが私が日本人であることを見つけ、気づかせるのです。

いささか残念なことではありますが、多くの場合、しぐさや表情あるいは習慣といった目に見える外見、あるいは私が話す言語やイントネーションやアクセントによって、見つけられ、気づかされるのです。そのときには、相手を特定の国や民族の典型的な人物としてステレオタイプ化し一般化する心の働きが作用します。その典型化の過程で、相手が属している国や民族と、日本とのあいだにある「過去から現在にわたる関係」が重ね合わされます。

それは、私たちに向けられているまなざしであるだけでなく、私たちが相手方に向けているまなざしでもあります。私たちは国際的な場で、空間を共にする人、すれ違う人が示す、見かけや動作、あるいは話していることから、自然と、その人の出身地や民族といった背景を類推します。そして、何らかの背景を知ると、相手の国や地域そして民族と、自分の背景とのあいだの関係について思いを巡らせて、意識的あるいは前意識的・無意識的に、自分の態度を決めているのです。積極的に関わることから、沈黙することや、無視することまで含めて。

積極的に関わることから、沈黙することや、無視することまで含めて。

わたしたちと　あの人たち

このときに起きる、「相手との関係において、国際関係はじめ相手側との過去の関係や現在を含む政治上のやりとりが重ね合わされる」ことを、精神分析では〈置き換え〉と言います。

また、私たちは勝手に、自分が感じたくないことを相手に投げ込む、ということをします。この「みずからの情緒・感情の相手への投げ込み」を精神分析では〈投影〉あるいは〈投射〉と呼んでいます。たとえば先の例で私は、グループの他の参加者が発言者に対して異議を示さなかったことや、他の参加者が発言者に対して視線を送ることを、発言者に同情的だと認知して、即座に沈黙するという態度を決めています。ここでは他の参加者やグループに対して、私自身が感じたくない「不安」が投影されていると言ってよいでしょう。

一方それは、発言者のほうにも起きている可能性があります。

◇置き換え

◇投影・投射

百名近くのグループでは、それに参加するだけでも、大きな不安（グループの他のメンバーに批判されるのではないか、自分がグループで他の人を傷つけるのではないか、という不安）が喚起されます。こういった発言者のなかにある不安が、「日本人」に対して投影され、「脅威」というかたちになったのかもしれません。

　このように、国際関係の場では、その人が背景とするわたしたちという意識や境界を線引きする感覚によって導き出されるあの人たちに対して、個人のなかで起きている心的プロセスが投影されます。この投影されているものを探求する〝対話〟がおこなわれたときに、人は「わたしたちとあの人たち」という直線的な関係✢から抜け出ることができると言われています。

　ただし、慎重にならなければならないのは、実際に特定の歴史的なトラウマに言及しながら語っている際には、たとえそこに「置き換え」や「投影」の可能性があるとしても、その人は現在進行形の痛みについて話している可能性があり、

✢**直線的な関係**
他者と自己をはっきり区別し、他者に対して対抗的に向き合う関係。

それは注意深く聞かれるべきであり、手当て（ケア）を受けるべきだということです。しかし、その奥に〝語り難いもの〟がある可能性に注意を払いながら、その語り難さを、私たちは探求するべきだと思います。ここにおいて、語り難いものに取り組むアート（技法を使うこと）そして知識と理論（サイエンス）を発展させてきた精神分析が貢献できるところが大きいのではないかと、私は感じています。

語り難いものに取り組むアート／サイエンスとしての精神分析。

見えていないけれど　残っている

グローバリゼーションの時代において、もはや日本や日本人という枠組で考える時代は終わったという意見もあるかもしれません。この極端な例が、歴史修正主義的な考え方や、歴史的な事実を認める態度を「自虐的」だと非難する考え方に現れているのかもしれません。

しかし、それを見る隣国に住む人々からすれば、日本人が「グローバリゼーションを笠に着て、自国の過去を否認している」行為に見えるかもしれません。私たちが見えていないものや、あいまいにしているものは、他者のまなざしのなかではくっきりと、私たちに映し出されるのです。

日本という枠組は、否認しようとしても、必ずつきまとう。あるいは否認すればするほど、そのことは別のかたちで私たちに帰ってきます。最悪の場合は、私たちが同じことを繰り返すというかたちで帰ってくるかもしれない――戦争という形で。フロイトは「個人がみずからの強迫神経症を否認すればむしろ、その症状が反復される」ことを指摘しました。

反復あるいは再帰を防ぐとするならば、日本人という物語について話し、連想し、できる限り知ろうとすることが、反復を最小限にする路となります。グローバリゼーションが進んだ現代においても、日本という枠組は残っていますし、日本人という物語も終わっていないと考えます。

同じことを繰り返すというかたちで帰ってくるかもしれない。

先に、グローバリゼーションがナショナリスティックな歴史修正主義と結びついてしまったことについて述べましたが、ナショナリスティックあるいは民族主義的な考え方は、歴史を否認する態度だけのものなのでしょうか。

日本文学の研究者である孫歌は次のように述べています。[1]

民族感情は、非常に狭隘な排外的心理を引き起こし民族主義的土壌を形成するが、同時に外部世界に直面したとき社会や歴史に対する己の責任を引き受けるよう自覚させるものでもあるのだ。ここでの責任とは日本の文脈でいえば戦争責任を引き受けることを意味する。民族感情に丸呑みされてしまった日本人ならば、外部世界に敵意のまなざしを向けがちだ。しかし民族感情が全くない日本人が、戦争責任を引き受け、また追及することを、己の使命とみなすとは想像し難い。民族感情なるものは、なにかしら砒素にも似て、量が多すぎれば死に至り、適量ならば病を治す。

国家のなした過去を否認しようとするときにナショナリスティックになることは、よく指摘されていることではありません。しかし、私たちが所属する国家・民族の過去について考えていく際にも、あるいはその責任をパーソナルに考えようとする際にも、私たちはナショナリスティックに、民族的になっているのです。このように、国家の罪あるいは恥に向き合おうとするときにも、ナショナリスティックな感覚が発動することを確認しておきたいと思います。

◇コロナ禍

二〇一九年末に始まったコロナ禍も、人々のナショナリスティックな感情それを促進したと言えるでしょう。かつてないほどに、国・地域ごとの二週間前の医療政策がデータに現れるようになったのです。これほどまでに国・地域の違いを意識することが、過去八〇年間であったでしょうか。

そして、感染拡大を防ぐためにワクチン接種とともにとられた主要な方法が、「距離（ディスタンス）をとる」ことでした。私たちは国や地域の境界を閉じることによって（往来や出入りを制限して）境界のなかを清らかなものに保とうとし、境界の外に感染したものを排除しようとします。国・地域の開け閉めという境界の操作をおこない、その境界に信頼／不信頼をおくことによって、私たちのナショナリスティックな感覚は批判的な態度も含めて、ここ数年で飛躍的に強化されたと言えるでしょう。

COVID-19が最初に報告されたのが中国であったこともあり、特に欧米において、日本人・日系人を含む東アジア系の人々が差別的な扱いを受けたり、暴力にさらされたりすることが起きています。米国でCOVID-19を「中国ウイルス」と呼び続けた前大統領の支持率が未だ高いことを考えると、事態は深刻です。

東アジア系の見かけであることが、それを見る人の憎悪や、「穢れ」意識そして「汚れ」意識を掻き立てています。東アジアにおける帝国主義、そして十五年戦争の動因のひとつとなった黄禍主義（イエローと呼ばれる東アジア系が欧米に禍をもたらすという考え方）が、再浮上しているとも言えます。

境界の操作をおこない、その境界に信頼／不信頼をおく。

コロナ禍における、あるいはポストコロナの国際的な文脈において、自分たちは、東アジアの日本人であるということを、もういち度検討する必要があるのかもしれません。

繰り返しから脱するために

本書では「戦後日本の精神構造」を精神分析的に見ていくために、ドイツの精神分析家アレキサンダー・ミッチャーリヒ *Alexander Mitscherlich* とマーガレット・ミッチャーリヒ *Margarete Mitscherlich* の夫妻が提唱したドイツにおける〈喪の不能〉と言う視点を補助線にしたいと思います。

ミッチャーリヒらはフロイトの〝喪の作業〟すなわち〝哀しむこと〟という、人間が大事な人を亡くしたときに「その痛みに折り合いをつけていく過程」に着

◆喪の作業

目しました。そして、「戦後のドイツ社会において、ある重要な喪失に対する喪の作業がおこなわれていないのではないか」と問いかけました。それは、アドルフ・ヒトラーの喪失に対する喪の作業です。

戦後の日本においても、ある重要な対象が失われました。それは神である人間、現人神《あらひとがみ》である人、すなわち昭和天皇です。

この本では、昭和天皇が現人神でなくなったことに着目し、現人神を喪失したことが、どのように戦後の日本人の精神構造に影響を及ぼしたのか、精神分析とその応用に基づき、考えていきたいと思っています。

前述のIPAロンドン大会で、ブラジルの精神分析家 Claudio Laks Eizirik 氏による「若者の社会参加」に関する精神分析的理解についての講演を聞いたときに、私は、日本の若者における選挙の投票率が四割以下であることを例示しながら、氏の見解を問いましたが、彼はこのように答えました――

『わたしは東京に行ったことがあります。東京の中心には、緑の島が浮かんでいますよね。あれは印象的でした。皇居と言うのですか？　そこには天皇が住んでいると聞いています。とても興味深いことに、そこに天皇が住んでいるらしいのですが、その島は緑に覆われていて、なかを見ることができず、本当に天皇が居るのか分からない。天皇が緑の島の森のなかに住んでいて、人々がそれを見ることができないというのは、うまく言えないのですが、若者の投票率の低さと関連するような気がします。』

日本人がタブーにしていることを、ブラジルの分析家からいとも簡単に指摘されて、私はたいへん驚きました。「自分が語ることができないものは、いかに他者からはよく見えているか」ということを表す好例でしょう。これほどに、日本の天皇というのは、国際的な文脈において意識されているものなのです。しかし日本人は、それを容易に語ることができない。大きな逆転があります。

自分が語ることができないものは、いかに他者からはよく見えているか私たちは、日本の首都である東京の、その中心に浮かんでいる緑の島について精神分析的に考える必要があるのではないでしょうか。緑の島は、日本の中心に浮かんでいるだけでなく、戦後の日本人の中心に浮かんでいるのかもしれません。

私たちはその緑の島の森のなかに分け入っていく必要があると思っています。あるいはそこに分け入るが難しいのであれば、少なくとも、その難しさについて、「なぜ私たちが緑の島に意識を向けていくのが難しいのか」を考えてもよいのではないでしょうか。

私たちが死者たちに対して「過ちは繰返しませぬから✢」と言うのなら。すなわち、私たちの社会が抱える反復強迫を治癒しようと誓うのであれば。

✢**過ちは繰返しませぬから**
広島市・平和記念公園の石碑に刻まれたフレーズ——「安らかに眠ってください　過ちは繰返しませぬから」

第一章

哀しむ、ということ

フロイトの「喪の作業」

この章では、ジグムント・フロイトの〝喪の作業〟[1]（哀しむこと）について、詳しく述べていきます。そのためにまずは〈対象〉という概念について押さえていく必要があります。

◇リビドー

S・フロイトはリビドーという概念を使って、親子の関係を基盤として、親子のあいだで取り交わされるエネルギーはリビドーであると言い、「リビドーのやりとりによって、子どもは心のなかに親を住まわせる」と説明したのです。

心のなかに住まう人

『大切な人は誰？』と問われると、いろいろな人が浮かぶかもしれません。

心にそういった人が浮かぶのは、私たちがその人を心のなかに住まわせているからです。何らかの双方的な交流がない限り、その人が心のなかに住まうということはありません。

精神分析ではこのように、心のなかに住んでいる（心のなかに描かれている）重要な人を〈対象〉と呼んでいます。母親や父親といった一次的な養育者が対象となり、その人との情緒的な絆が確かになることを愛着の形成と言いますが、愛着が形成されると一定期間その人がいなくても時間を過ごすことができるようになります。

◆愛着の形成

ひとたび、ある人が〈対象〉になると、その人と別離したり、死別することには、大きな苦しみをともないます。失恋の痛みもこれに含まれます。

ある人が〈対象〉になると、その人と別離したり、死別することには、大きな苦しみをともないます。

悲哀とメランコリー

さて、〈対象〉となっている大事な人や近親者を亡くしたとき、さまざまな文化や社会で「喪」の期間が設定されています。

日本でも、誰かが亡くなるときには、死者の家族がお世話になった人を呼び、死を伝え、死の最後の時を共にし、葬式をおこないます。そして、一定期間、儀式を執りおこなったり、故人を弔うことをするのです（死にまつわる思想や死のとりあつかい方に、文化差や地域差をみることができます）。

フロイトは「悲哀とメランコリー」という論文で、喪の期間には「故人の近親者や家族が、死者が生前に生きていたからこそ向かっていたエネルギー（リビドー）をその人から引き上げる」ことが起きると述べました。有機的な存在であった個人が無に帰した（無機的になった）ことを受け入れる作業です。これが精神分析では〈喪の作業 *mourning*〉と呼ばれています。故人の生前に向かっていたリビドーを引き揚げるときには、「もうあの人は現世にはいないのだ」とか、「その人に頼って生きてはいけないのだ」と感じます。このときの、エネルギーをある人から撤退させるときの感情が「かなしさ」だとされています。mourning は「悲哀」「哀

エネルギーをある人から撤退させるときの感情が、かなしさ。

しむこと」とも訳されています。

心が空っぽになったような

〝哀しむこと／喪の作業〟では、実在する人へと向かっていたエネルギー（リビドー）を、なにか別のものへと向けかえることが起きます。それに失敗するとメランコリー状態になると言われています。

◇メランコリー

フロイトはメランコリーを次のように説明しています。

メランコリーの心理学的な特徴をあげてみると、深刻な苦痛に貫かれた不機嫌さ、外界への関心の喪失、愛する能力の喪失、自責と自己への軽蔑として表現され、ときには妄想的に自己の処罰を求める欲求にまで高まることもある。

哀しい感情のときには、「あの人はいない」と感じることができるので、世界つまり外界が虚ろなものになりますが、メランコリー状態では、自分が無価値だ、無力だと感じる「自我✢の貧困化」が起きるのです。

なぜメランコリーでは自我が貧しいものになり、自分を無価値あるいは無力だと感じることが生じるのかというと、エネルギー（リビドー）を失われた〈対象〉から撤退させず、引き揚げないからです。すなわち、空想のなかで対象と自我は一つになったままなのです。

このとき自我は、無意識の空想のなかで〈対象〉を得ようとしています。対象を「喰う」のです[2]（これをフロイトは「対象の影が自我の上に落ちる」と表現します）。しかし自我と対象は一つのものになっているので、対象を「喰う」ことは、自我を失っていくことにつながります。こうして対象喪失◇は、自我喪失へと転換し、自我が貧困化し、心が空っぽになったように感じるのです。

近親者や大事な人が亡くなったことを受け入れることができないと、その人

✢自我
フロイトは人格の構造をエス・自我・超自我に分ける。本能衝動の一次過程から、外界の現実に影響された二次過程のなかで「自我」が分化するとした。

◇対象喪失

がいなくなっているにも関わらず、エネルギー（リビドー）が故人に向かってしまいます。しかしその人は既に生きてはいない人なので、エネルギー（リビドー）を向けたとしても双方向的に返ってくる感覚がありません。すると自我は対象を取り込み、空想のなかでその人を「所有」しようとします。こうすることで、空想のなかで対象を愛し続けることができるからです。自己と対象を同じものとする心のはたらき〈自己愛的同一化〉がつくられるのです。この自己愛的同一化では、「対象を愛すること」は「その対象であること」と同じです。[3] この自己愛的同一化を続ける限りにおいて、対象を失ったことを意識しなくて済み、無意識的にその人との関係を続けることができるのです。

〝喪の作業〟に障害が生じると、精神的成長や対人関係を妨げるものになり得ますし、自発的で創造的な能力が損なわれることになると指摘されています。[4] ですから精神分析的な臨床では、〝哀しむこと／喪の作業〟はとても大切なものです。精神分析家と共に「亡くなった人」「失った人」「別れた人」について、語りつく

空想のなかで対象を愛し続けることができる。

◆自己愛的同一化

します。このプロセスは、数ヵ月で終わることもありますが、数年や数十年かかる場合もあります。それだけ、自分にとって大切な人を失ったことを心理的に受け入れることには、時間を必要とするのです。

個人にとって大事な人（対象）に向けては、愛情や思慕の感情だけでなく、苛立ちや怒りといった負の感情をもつのが自然です。親や恋人に対しては、愛情だけでなく恨みや怒りをもつものですよね。しかし大事な人が亡くなってしまっている場合には、その人に対して負の感情を表現するのは、とても難しい。これが〝喪の作業〟を困難にします。

メランコリー状態においても、〈自己愛的同一化〉をおこないながらも、無意識において対象に対する怒りや憎しみは持ち続けます。しかし、対象と自己は一体になっているので、無意識のなかで対象への怒りや憎しみは、自己に向かうことになります。そこで、失われた対象に怒りや憎しみが向くかわりに、自分に対する懲罰的な非難が起きるのです。

大事な人に向けては、苛立ちや怒りといった負の感情をもつ。

残された家族や近親者にとっては、故人に対して「この世界に私を残して、どうして先に死んでしまったのだ」と言葉にすることは、とても難しいものです。ミッチャーリヒはフロイトを引用しながら、喪の作業の困難さについて、次のように述べます。

もしわれわれが、その固有の性格のために愛した人間、したがってこの人物がわれわれに自己盲愛を保証してくれるという前提なしに愛した人間のために、悲しむとき、そもそも何がわれわれの内に起こるだろうか？　《現実検討によって愛する対象がもはや存在しないことがわかり、すべてのリビドーはその対象との結びつきから離れることを余儀なくされる。これにたいし当然の反抗が生じる——よく見られることだが人間はリビドーの向きを変えたがらず、かわりのものが、もう誘っているというのにそれでも変えないものである。この反抗は強いため、現実から顔をそむけることになり、幻覚的な願望精神病になって対象を固執することになる……》悲哀のうちに、失われた対象が摂取されてしまう。ここから始まって、失われた者とともに、まるでその生存中のときのように、歩きまわる空想化されたイメージに到る。〔ibid, p.81〕

私たちの無意識のなかには、その人と別れたくないという気持もあるので、〝喪の作業〟はとても困難なものになります。

なぜなら私たちの心はとても複雑で、「別れた人を忘れたほうが楽になるのではないか」と思う一方で、無意識的には「別れたことを受け入れたくない」「絶対に忘れたくない」というふうに相反する気持があるからです。

ですから〝喪の作業〟では、喪失した対象に関する思い出や、感情、そして情緒を、何度も何度も語っていきます。

再体験の場にいること

若いクライエントCさんは、父親を亡くして以来、涙が止まらなくなり、仕事に身が入らなくなった、と言って治療者のところに訪れました。

週に一回の頻度で対面でのサイコセラピー✣でした。

当初は、父親が亡くなったことを哀しみ、父親との楽しかった思い出や、尊敬していること、母親への心配が語られていました。しかし二ヵ月ほど経った頃から、『もうセラピーに来なくてもよくなった気がする。ここからはわたしと母親でやっていけると思う』と言うようになります。治療者は、Cさんが治療者に対して、不信感や「ちゃんと聞いてもらえるか?」という疑いの気持をもっているのではないか、それが父親への思いを語りづらくさせているのではないか、と伝

✣週に一回の対面サイコセラピー
『週一回のサイコセラピー』（創元社）『コロナと精神分析的臨床』（木立の文庫）などを参照。

えていきました。

あるセッションでCさんは、父親の生前に、家族で山へ旅行し森のなかでみみずくの観察をしたエピソードを思い出し、自分はみみずくが大好き✢なのだと言います。次の回にCさんは、これまで「出張中に倒れた」としか語られていなかった父親が亡くなった詳しい経緯を話し始めます。実は父親は「不倫相手と会っている最中に体調が悪くなり、病院に搬送されるが意識を失い、そのまま数週間意識が戻らずに亡くなった」ということが明かされます。

そのように亡くなった父親をもつ恥ずかしさや、父親に対する諦めの気持や、怒りと、不倫されていることに気づいてこなかった母親に対する情けなさが、話されるようになります。治療者に対して向けていた不信感や疑いの気持は、この方が父親に対して持っていた気持でもあった✢のです。この時期に、職務中や生活をしているなかで涙が止まらなくなることは無くなりました。

次第にCさんは、仕事でも積極的に働けるようになります。交際相手との関係

✢みみずくが大好き
後述「みみずくの羽音に導かれて」[p.138]を参照。

✢気持ちでもあった
後述「転移」[p.34]参照。

を語るなかで、自分が相手に依存しているように思えることを語り、「父親がやっていたように逸脱的になるのではないか」という不安が、次のテーマになっていきました。

この方にとっては、治療者に対する恥の感覚や、その背景にある喪失した対象への怒りの感情が、親の〝喪の作業〟を阻んでいたと言えます。

サイコセラピーの過程でクライエント・患者さんは、あからさまな〈否認〉や〈錯誤〉✢を呈するようになります。また、喪失にまつわる人間関係が、治療者との関係に置き換えられます。これを精神分析では〈転移〉といいます。

そして「喪失」に関連した夢、連想、白昼夢を報告するようになります。そこには必ず、それまで言葉にし得なかった体験の個別的な部分が含まれます。喪失を語るときに否認や解離が起きるのは、その人があまりに強い感情（恥や罪悪感）を感じるので、情動とそれに関する記憶を否認せざるを得ないからです。

✢錯誤
失錯行為とも。物忘れ、言い間違い等。フロイトは、それらの現象は分析によって全体的な意味と意図をもつものとして浮かび上がってくることを示した。

◇転移

◇体験の個別的な部分

「喪失」を取り扱っていくときには、その方の過去が思いだされ、痛みを伴う過去を再体験することになります。その再体験には、喪失に関するどうしても言葉にできない部分や、語り難い体験、言葉にし得ない体験が、複合的に詰まっています。

◇言葉にし得ない体験

この「再体験」が起きているときにこそ、ひとつの部屋で共に存在する精神分析やサイコセラピーの意味があります。なぜなら、たとえクライエントや患者がそのときに再体験していることを言葉にできなくても、治療者がその人と在ることができるからです。

◇再体験

サイコセラピーの場において治療者は、クライエント・患者が「再体験」していることに関心をもち、自分がその人の体験に関心を持っていることを示すことができます。治療者が助けることができるのは、クライエントが分かりやすく伝わるような言葉で話すことではなく、クライエントが再体験によって圧倒されそうになるその最中に、その体験に関心をもつ人間が存在すること、あるいはその

その体験に関心をもつ人間が存在する

時を共にする治療者がクライエントに関心を持っていることを伝えることです。

フロイトは「何かを克服するということは、一歩一歩認識することである」と述べ、それを〈想起・反復・徹底操作〉と名づけています。「喪失」の事実を認識することは苦しいので、人は無意識的にそれを忘れたり、否認したりします。それは「事実をそのまま受け止めることを阻むような、自己保護の力」であり、これを克服するために、想起・反復・徹底操作の過程では、みずからの意識による「検閲の扉」を少しずつゆるめて、一歩一歩、事実を受けとめていく作業をするのです。

◇想起・反復・徹底操作

〝喪の作業〟の過程では、夢や白昼夢、そして箱庭に、喪失した対象に関連するようなモノが出てきます。

最初は何の変哲もないような「船のオール」だったり「貝殻」だったりしますが、しだいにそれは「幽霊」や「ライオン」といった動きのあるものになり、最終的に夢や白昼夢といった無意識の徴候に、「母親」や「彼氏」といった対象が出てきます。そこに至る作業には、何ヵ月も何年もかかるものです。

　すると、その人への感じ方が変わってきたりします。愛情だけでなく怒りも表現できるようになること、あるいはその逆のプロセスは、大きな展開となります。このような長い作業を経て、徐々にその人に対するリビドーを撤退させ〝哀しむこと〟をしてゆきます。

　結果として、その人がいなくてもその人がいたときと同じように心が動くようになったり、より独立した自分を感じたりすることが目指されます。創造的な活動に従事することもあるかもしれません。しかし、そこに至るには哀しみが伴います。後で詳しく述べるミッチャーリヒは、ポーラ・ハイマンを引用して次のように述べています。[4]

> そこでいまや内的な対決のうちに喪失という現実に同意することを学び、かつ承認する

愛情だけでなく怒りも表現できるようになる

ようにならざるをえない。このために、精神分析学のうちで《悲しむという作業》について、語られているのである。《悲しむという作業は、想起の仕事に結びついた苦痛のもっとも際立った例である……かくして、想起は一歩一歩続けられる愛の対象との結びつきを断ち切ることとなり、それによって、悲しむ者の自己のなかでの亀裂と傷の体験となるのである》。〔ibid, p.81〕

もののけの成仏

能の五番目物✣には、成仏できなかった物の怪が出てきます。また、修羅能とよばれる二番目物には平家の亡霊が題材にされています。それらは、成仏できておらず、有機的なものと無機的なものの中間に留まり、死んでいるのか死んでいないのか分からない状態にとどまっています。

✣**能の五番目物** 人間以外の異類が登場する能。

そうした物の怪や亡霊に対して、ワキという役✢が『おまえは誰だ？』『なぜここにいる？』というように問うていきます。すると、物の怪や亡霊は自分の出自を語り、業を語り、生きていたことへの未練や、こうして物の怪や亡霊でいることの恥ずかしさやくやしさ、その苦しみを語って、舞うのです。

文学者の高木信は、平家物語の「鵺」と能の「鵺」を比較しながら、鎮魂の過程について考察します。体制や勝者による抑圧の装置にもなりうる鎮魂の過程について、それが体制の抑圧にならず、固有の〝喪の作業〟へと開かれる可能性を開いていくために、物の怪や亡霊の語りの主語や目的語の混同や混乱といった過程で複数の「われ」＝主体群が発生することを示しました。高木はそれを「亡霊論的転回」と名づけ、勝者のシステムには統制され得ない主体が何らかのモノとして破れ出てくることを示しました。[5]

サイコセラピーの実践でも、患者が語った言葉に着目し、止まり、治療者と患者が詳細に分析と連想をしていくなかで、動詞の主語と目的語が転倒して錯誤が

✢ワキという役
能ではシテが主役となる。霊、草木の精、神、鬼を演じることもある。ワキは現実の人物として主役に相対し、その演技を引き出す。

◇鎮魂

◇亡霊論的転回

生じ、強いエネルギーが噴出するとともに、患者の意識にはなかった情景が立ち現れることがあります。そのときには高木が描いたように、患者が語る自己に治療者が参与するなかで、治療空間に患者と治療者が結合した「キメラ状態」✢[6]や「異類混交状態」✢が作り出されます。

〝喪の作業〟が文学の領域で評判が悪いのは、それが体制による抑圧の過程であるとイメージされているからでしょう。

デリダはフロイトの〝喪の作業〟について、例えばホロコーストの死者のように国家的・集合的な非人道的行為によって無残にも殺された死者たちを弔うことによって、国家的・集合的な非人道的行為を却って容認することになりかねない、と批判したのです。

しかしながら〝喪の作業〟というのは、デリダが受け取っているような共同体のためのものではありません。むしろ近親者という個人による喪の作業こそが、

✢キメラ状態
「スフィンクス」や「鵼」のように、一つの個体のなかに複数の種類のものが混在している状態。

✢異類混交状態
異なる種類、異なる性質のものが混ざっている状態。「鶴女房」「コブのないラクダ」など。

フロイトが論じたものです。ここに、生きている人間の生のために働く精神分析家・精神分析的な臨床家と、向き合うべき他者に死者をも入れようとする文学者や哲学者とのあいだの、無視できない差異があります。フロイトの理論において死者は「恐るべき」ものではありません、死は人間が無機物に帰したということだとフロイトは言います。[7] 愛する人はもはや無機物となった——そこからフロイトは現在の生に還ってこようとしています。

また、〝喪の作業〟は死者の近親者を「沈黙」から解放するのです。フロイトは精神分析が人道的行為となることについて懐疑的でしたが、英国対象関係学派のベティ・ジョセフは、〝哀しむこと〟が現実を見ることにつながり、そこに、核戦争を準備するような国家的な誇大妄想を見抜く力が養われると主張しました。[8]

さらに、〝喪の作業〟の実際は、よく想像されているような「鎮魂」「鎮静」過程ではなく、むしろ、反抗・すかし・沈黙といった〈抵抗〉を取り扱うことが主となります。クライエント・患者の自我は鎮むことを拒否します。かれらのなか

よく想像されているような「鎮魂」「鎮静」過程ではなく……

◇抵抗

に怒りや恥とともに内在化されている死者が、「安全な記憶になってたまるか！」と荒れ狂い、患者たちの夢に出てくるのです。治療の場で、患者は死者を演じ、治療者も死者の役割をとります。亡霊論的転回の発想は、喪の作業における困難な局面の必然性を指摘しているとともに、その作業において、キメラ化し異類混交化した患者と治療者が、複数の「われ」＝主体群を分析する意味を示唆しています。

第二章

哀しむ、ことができない

ミッチャーリヒの「喪の不能」

前章では〝哀しむこと／喪の作業〟について説明しました。ドイツの精神分析家ミッチャーリヒ夫妻は、これを戦後のドイツ社会の分析へと応用しました。

夫のアレクサンダー・ミッチャーリヒは、戦後フランクフルトを舞台にして、戦後のドイツの精神分析の復活に尽くした精神分析家です。精神分析家になる前は、ベルリンで書店を開店して、そこでナチスドイツに批判的な書籍を販売した罪でナチスの突撃隊に逮捕され、何回か刑務所に入っているそうです。

ナチスは一九三三年に、ドイツにおける精神分析の実践と訓練を停止させます。戦後になって、アレクサンダーは妻のマーガレットとともに、ロンドンでポーラ・ハイマンの訓練分析✚を受け、その後、アメリカの自我心理学✚の影響を強く受けま

✚訓練分析
精神分析家になるために、訓練生が訓練分析家に受ける精神分析のこと

✚自我心理学
フロイトが定義した自我の概念に基礎をおき、H・ハルトマンを中心にニューヨークで発展した流れ。

す。ドイツ帰国後、フランクフルト学派の哲学や批判理論で知られるマックス・ホルクハイマーとともに、六〇年代前半、フランクフルトにジグムント・フロイト研究所を設立し、精神分析の中心地としたのです。

彼の創設した研究所は三つの部門に分かれており、フロイト派の精神分析の臨床、精神分析における心理学、精神分析の社会への適用をそれぞれ目的としていました。研究所では言論の自由が大切にされます。常に活発な議論がおこなわれ、意見の排除や抑圧のためでない、ハーバーマスの言う「権力の行為を伴わないコミュニケーション」が目指されたと言います。そしてミッチャーリヒ夫妻は一九六七年に共著『喪の不能✢ *Die Unfähigkeit zu trauern*』[1]を発表するのです。[2]

ミッチャーリヒらが論じた一九五〇年代から六〇年代にかけての西ドイツでは、第二次世界大戦での敗戦の後、ヨーロッパでおこなった侵攻やホロコーストといった大量虐殺が問題となり、それに携わった人たちが裁判にかけられ罪に問わ

✢**喪の不能**
既刊の邦訳書では「喪われた悲哀」とあるが、本書ではこう訳す。

れました。

しかしドイツは、連合国側に対する損害賠償を免れたのです。第一次世界大戦の敗戦による損害賠償で経済が破綻した際にナチス党が台頭したことを反省して、戦勝国の連合国側はドイツに対して損害賠償を課しませんでした。冷戦において西側の資本主義国の防衛線であったことが幸いして、西ドイツは経済復興の道を突き進み、復興は成功しつつあったように見える時代です。

◇経済復興

ミッチャーリヒ夫妻は、ナルシスティックな問題を呈している患者の精神分析や、みずからの精神分析経験、そしてドイツ社会の観察に基づき、非常にラディカルな問いかけを、精神分析の世界だけでなく、人文科学全体に向けて発しました。すなわち、戦後のドイツ社会において、或る重要な喪失に対する〝喪の作業〟がなされていないのではないか、という問いかけでした。それは、アドルフ・ヒトラーの喪失に対する喪の作業です。ミッチャーリヒらは次のように述べます——

アドルフ・ヒトラーという、当時のドイツにとって崇高かつ理想であった存在を喪ったこと、その「喪の作業」をおこなっていないことで、ドイツ社会はメランコリックになっている。

社会の精神分析

ミッチャーリヒ夫妻は、個人だけでなくドイツ社会というものに対しても、精神分析的なまなざしを向けていました。

かれらは、集団や組織の成員が共通の心的緊張を抱えているときに、その集団は全体として個人のように振る舞い、その集団は無意識的過程が作用するため、個人の無意識を理解するように、その集団精神が抱える無意識過程を理解しようとすることができる、と考えたのです〔ibid, p.88〕。

共同で責任を負わなければならない罪責を、社会が共同で無かったことにしたり、共同で罪を軽めようとしたりすることは、結局はその共同体の性格構造のな

集団は全体として個人のように振る舞い

かに痕跡を残すのではないか〔p.23〕とミッチャーリヒ夫妻は考えました。そして、ドイツ社会がヒトラーに対する〝喪の作業〟をおこなっておらず、喪失を否認しているがために、多くの問題が個人から社会のレベルで生じていることを指摘したのです。この〈否認〉が、ドイツにおける「政治的・社会的不毛」〔p.23〕を生んでいる。この本はその後のドイツにおけるネオナチの登場を予想する本となりました[3]。

思いどおりにしたい

ヒトラーはドイツ国民にとって、どのような〈対象〉だったのでしょう。

ヒトラーはドイツの権力を掌握し、大衆から称賛され喝采を浴びました。彼にとっては、自分自身が大きくなったような経験が続いたでしょう。権力を握ることのない状況では、自分の理想や夢というのは、なかなか実現しないものです。しかし大きな権力を得てしまうと、自分の理想や夢が実現していくので、物事が思いどおりになるときの強い満足を感じることになります。このように物ごとが自分の理想どおりになっていくことを「自我理想と自我の合致」とミッチャーリヒらは表現します。

物ごとが自分の理想どおりになっていく

このことは、ヒトラー個人だけでなく、彼に追従し彼を称賛したドイツ大衆にも起きました。ドイツは革命を経験していないことから、大衆は「自分たちの典型や国家的な自画像を理想化せねばならない」という激しい欲求を感じていた、とミッチャーリヒらは分析します。そして、ドイツ共同体には「集団特性としての、異常な自己過大視と不寛容への準備状態があった」と説きます[4]。

ドイツ大衆はヒトラーに、みずからの理想や夢の実現を見ました。このように、みずからの理想や夢を映し出し、その人を応援し、その人の成功を我がことのように感じることを、〈自己愛同一化〉と言います。また、そのときに自己愛同一化を受ける対象のほうを「自我理想の表象」と言ったり「理想自己」と言ったりします。

ヒトラーという人間に対して、人間誰もがもっている依存したい気持や、強い人と一体感を感じたいという自己愛的同一化がはたらいていました。また、このときには、フロイトが「集団心理学と自我の分析」で述べたように[5]、自分が理想に沿って生きていくかわりに、具体的な人物であるヒトラーを「自我理想の表象」や「理想自己」としてとらえ、ドイツ大衆はヒトラーに盲従しました[6]。

ヒトラーを見ることで、大衆は全能感をもつことができた。ヒトラーこそが全能を代表し、生きた全能者、神に近い存在だったと言えます。

「物ごとを思いどおりにしたい」という欲求は人間が子どものときに強くもつ感情でもあるので、ヒトラーにとっても大衆にとっても、幼児期の欲求が遮られることなく実現するような、非常に強い満足を得られる経験だったはずです。そ

その人の成功を我がことのように感じる

強い人と一体感を感じたい

◇全能感

して、幼児期の欲求が実現することはすなわち、人間が幼児的になり、子ども帰りし、大人のように理性的に考えられなくなることを意味します（ibid, p.34）。

ユダヤ人排除のダイナミクス

ミッチャーリヒらはまた、ドイツが競争的な社会を形成していたことを前提に、そこでヒトラーやナチスに対して幼児的に依存したことで、独立的にふるまう個人やグループを排除するダイナミクスが生じたと説明しています。

ヒトラーが現れるまでは、人びとは、競争相手としての集団や階級のなかで互いに対立しあい、競争のなかで攻撃性を発露していたのですが、ヒトラーが「自我理想✢の表象」ないしは「理想自己✢」として現れ、ヒトラーに同一化をしたことで、人々は互いをきょうだいのように感じ、互いに同一化するようになったと分析します。このように、ファシズム体制においては、人民のあいだに相互の同一化が生じます〔p.75〕。これは相互の圧力にもなり「同調圧力」とも呼ばれます。

✢自我理想
超自我が処罰や叱責を与えることによって、自我は不安や罪悪感を呼び覚まされるが、自我理想は、目ざすべき模範として、自我に激励や称賛を与える。

✢理想自己
自我の理想的なあり方を示すイメージ。

◇ファシズム

集団が攻撃的なものを抱えていながら、集団の内部の競争が起きなくなっている状況下では、集団は容易に、外部に競争相手（ないしは攻撃性を発露するもの）を見つけます。たいていの場合、それは身近な少数者、異質集団に向かって攻撃性が投射されるのです。スケープゴートの力学です。これは日本の学級集団や組織ではそれが「いじめ」や「ハブり」[7]というかたちになりますが、ドイツにおいてはそれが「ずるいユダヤ人」という〈プロパガンダ〉となり、ユダヤ人の排除というかたちで現れたのです。

ミッチャーリヒらは、ドイツ民族内部で攻撃性が消失して、ユダヤ民族に対して攻撃性が向けられたということが、ドイツ民族が非常に同一性の高いまとまりを伴い、ひとつの全体としてふるまったことの特徴であると述べます。ヒトラーに対する理想化とともに、少数者に対する攻撃性の投影と排除が起きているとき、「同調圧力」に抗して行動をともにしない者は、多数からは自動的に「敵」とし

✢ハブり
『ハブられても生き残るための深層心理学』（岩波書店）を参照。

◇同調圧力

て感じられて、同じように攻撃する対象として選ばれるのです。[8]

第二次世界大戦中のドイツにおいては、ユダヤ民族が少数者であったことや、多数がキリスト教の信者であったのに対してユダヤ教を信仰していたことからも、ヒトラーやナチスに対して心理的にも行動的にも依存していなかったことが、大多数の攻撃性を受ける対象つまり「スケープゴート」として選ばれやすく、攻撃的欲求の置き換えに理想的に適合してしまっていたと考えられます〔ibid, p.63〕。

◆スケープゴート

ヒトラーが生贄の山羊（スケープゴート）として選んでいたものには、ユダヤ人だけでなく、共産主義がありました。ヒトラーは自身やドイツ民族の攻撃的な衝動を危険な共産主義という文句の上に投影させて、大衆を操作する文句すなわち〈プロパガンダ〉として利用しました。

このように、共産主義ないしは共産主義国家を攻撃的欲求の〈置き換え〉として選択し攻撃性を〈投射〉することは、戦後も続いたといえますし、西側諸国もそれを続けました。ミッチャーリヒはこれを「ナチズムのイデオロギー的要素が資本主義的な西欧の要素と混合している」と指摘しています〔p.42〕。ナチズムは戦後西ドイツだけでなく、冷戦構造の西側諸国においても、アンチ・コミュニズムのかたちで生きながらえたのです。

◇アンチ・コミュニズム

集合的な心理的努力

さて、第二次世界大戦終期にドイツ社会が、ヒトラーという「自我理想」ないしは「理想自己」を失ったことは、いかなる反応を引き起こしたのでしょうか。ミッチャーリヒが説くには、ヒトラーが死んだことは、数百万のドイツ人にとって中心的な人物を失ったことになり、ドイツ国民に「自己愛的な対象」ないし理想自己の損失と、それによって前章で述べたような「自我の貧困化」と「自己価値の著しい低下」が起きうることを意味しました〔p.34〕。

これを避けるため即座に、ドイツ社会では、集合的・全体的にあらゆる心理的努力が起きたとミッチャーリヒは分析します。

過去を否認することによって

まず、ヒトラー総統に対するエネルギー（リビドー）は一気に引き揚げられ、退却させられ、彼はドイツ社会にとって「何でもない対象」であったことにされます。

大衆によって一時は極限まで価値を高められたヒトラーの価値ですが、連合国ら征服者によって、ヒトラーは国家的な犯罪者であったと、その価値は解体・解除されました〔p.37〕。それはドイツ国民に自己愛的な対象ないし理想自己の損失と、それによる自我の貧困化と自己価値の著しい低下が起き得ることを意味します〔p.34〕。中心的な価値の喪失と貧困化が、個々の自我に生じたはずです。

しかし、〝哀しむ〟ためには失われた対象が愛されていることが不可欠ですが、ヒトラーに充当されていたエネルギー（リビドー）を一気に、そして即座に退却させたことで、ドイツ社会はヒトラーを〝哀しむ〟ことをしなかったのです。

そして、攻撃性を一部の少数者に置き換え・投影して、殺戮をおこなったことへの罪悪感・恥辱、非人間的行為をおこなったことへの不安に対する防衛が起きます〔p.34〕。このような「自我の貧困化と自己価値の著しい低下を避けるために、心がおこなう努力や操作」のことを精神分析では〈防衛✣（機制）〉と言います。

ドイツの共同体は、みずからを背景とするヒトラーへの自己愛的同一化あるいは大量殺戮行為という過去へのすべての情緒的架橋を断ち切ることによって、すなわち過去を否認することによって、自己の価値損失を避けることに成功したのです〔p.37〕。

このようにドイツは、戦勝国とは異なり、メランコリーによる「自我の貧困化」と「自己価値の著しい低下」を防ぐために、過去を含む現実を直視することを避け、その現実を否認する必要がありました〔p.34〕。戦勝国が「自我の貧困化」の

✣防衛（機制）
本書では「心理的努力」とも。意識的人格部分である自我の、自分を守るための方法。防衛には適応を促進する面もあるが、逆に個人を縛る不自由さにもなる。

過去へのすべての情緒的架橋を断ち切る

恐れを経験せずに自国の犠牲者への〝喪の作業〟をおこなうことができる可能性が高まったのに対して、ドイツが自己の貧困化や自己価値の低下にエネルギー充当をせねばならなかったことが、その後の国際社会での振る舞いに大きく影響したように思われます。

復興という防衛

では、ヒトラーから撤退・退却したエネルギー(リビドー)はどこにいったのでしょうか。ミッチャーリヒいわく、ドイツ社会がおこなったのは、復興という防衛でした。

第一に、ドイツに感情の硬直が起きます。心理的な硬直では、情緒における部分ないしは全体が自我から退けられ、強く否認される疎隔が生じたことが分かります。

この「感情硬直」のもとで、ドイツが作り出した強制収容所の屍体の山、ユダヤ人、ポーランド人、ロシア人を何百万も殺害したというニュースに反応します。ヒトラーを喪失したことや、ヒトラーとナチスの攻撃によって多くの大量虐殺がおこなわれた過去は、共同的に否認されました〔p.37〕。過去は非現実化され、夢のようないいいいのとなったのです。

第二に、ドイツ市民は、みずからの誇りを傷つけられた徴候や、恥ずかしさを示さずに、やすやすと征服者、連合国に〈同一化〉しました。このように、自己のまとまりを同一化の方向性を極端に向けかえることが、みずからのやったことに対する当惑を避けるためにも機能したと考えられます〔p.40〕。

第三に、ドイツ住民は、メランコリーの徴候や哀しむような感情の動きを示しませんでした。彼らはすぐに廃墟を片づけはじめ、有能性の特徴とされた「頑強さ」を発揮します。多くの人が西側の民主主義体制のなかで、経済システムに〈同一化〉したのです。

ミッチャーリヒらはこの態度に、躁病的な「取り消し」が起きていると考え〈躁的防衛〉と呼びました。復興への強力な共同的努力が、ヒトラーの喪失と大量虐殺行為の否認として使用されたのです〔p.40〕。

◇経済システムへの同一化

◇躁的防衛

罪責に対する反応

無意識にとどまっているが記憶の断絶や亀裂から発生してくる、罪悪感・恥辱・不安を和らげるために、個人の心（心的装置）は、〈抑圧〉や〈否認〉、〈投影〉や〈置き換え〉といった防衛機制を用いるのです。

ヒトラーという心理的な支柱を失ってしまったドイツ共同体は、六百万もの人間を殺戮した罪責に対してどのように反応したのでしょうか。ミッチャーリヒらは、「第三帝国やヒトラーそのものとその教義の理想化の否認およびエネルギー充当の撤回、そして過去一切の否認とエネルギー充当の退却がおこなわれた」と分析しています〔p.29〕。過去の残忍性が報道される度に、自然と忌避がおき、自分自身に関係しているものとしては取り扱われないのです。

精神分析において抑圧されたものを追求する患者・クライエントにあらわれてくるような「苦悩」の徴候は、共同体として成立しませんでした。ミッチャーリヒらはこれを「過去が悔恨の種子にならず、過去自体としてそのまま放置されている」と書いています。まさに過去がみずからとつながっているように感じられず、排除され隔絶された状態にされているのです。

このように過去をタブーにすることで、心は大きな利益を得ます。みずからが所属する共同体がおこした非人道的行為・大量殺戮に対する罪悪感や恥辱、不安を感じなくてすむからです。多くのドイツ人はこの国家的な犯罪の責任を、ヒトラーやナチスの上層部に転嫁させているのですが、一部の人々が殺戮行為をおこ

過去をタブーにすることで、心は大きな利益を得ます。

なったのではなく、実際に計画を実務的に立案し、実行し、協力した人々がいました。

その「信ずべからざるほどの服従」〔p.29〕がそこにあったという過去を否認することは、それに自分が関与していたことを忘れさせてくれるのです。ひとは、落胆をせずに、過去を無益にほじくりかえすことより、経済的行為に没頭し、復興にエネルギーを向けることができます〔p.36〕。資本主義が、復興や経済的行為への没頭を支持する教義を与えてくれたのです。

過去の否認と反復

ミッチャーリヒらは、過去の否認によって反復強迫が起きるだろう、と予想しています。〈反復強迫〉とは、過去の行動様式を無意識的に反復せずにはいられ

◇反復強迫

ないことです。ミッチャーリヒはドイツが大戦中に起こした行動様式がこのままでは反復されるのではないか、と懸念したのです。

ミッチャーリヒらの「喪の不能」は、近年のドイツやヨーロッパにおけるネオナチズムへの理解を提供します。〈反復強迫〉を避けるためには、過去を直視し、それが意識の変化に至る必要があります〔p.66〕。いままで管理不能であった活動を、その動機づけのなかで、より完全に、より有効に、理解することが必要です。そして理解するときには、何らかの〝罪の消化✢〟とともに、失った対象を哀しい、哀しむことが起きるはずなのです。

✢**罪の消化**
『新版 心の消化と排出』〔作品社〕を参照。

第三章

日本の中心に浮かぶ、緑の島へ

現人神の喪失

日本とドイツには多くの共通点があります。日本とドイツ、そしてイタリアは一九四〇年に日独伊三国同盟を結び、第二次世界大戦は枢軸国を形成して連合国と戦い、一九四五年に敗れました。そして両国は戦後ともに、主には米国の支援を受けて、経済発展を成し遂げています。

ドイツは敗戦の過程でアドルフ・ヒトラーを失いましたが、日本は何を失ったのでしょうか。これが、失ったようで失っていない、失っていないようで失っている、あいまいな〈対象〉なのです。この章では、戦後の日本がいかにその「対象の喪失」を哀しむことができなかったのか、論じていきたいと思います。すなわち、現人神《あらひとがみ》としての天皇の喪失の問題です。

失ったようで失っていない、失っていないようで失っている

精神構造を推し量って

第二次世界大戦末期になると、米国の日本に対する勝利は間違いないものになっていました。米国は、終戦から戦後にかけての日本に対するプロパガンダ政策や占領政策を検討していくうえで、「日本人の心性」に対する人類学的な研究をおこなっていました。

その舞台となったのが米軍戦時情報局✣ *Office of War Information* と太平洋問題調査会 *Institutes for Pacific Affairs* という機関です。戦時情報局の極東部門に、『菊と刀』[1]で有名なルース・ベネディクトが所属していたことが知られています。一九四三年六月から戦時情報局には、文化人類学者や心理学者そして精神分析家が所属し、異なった立場から議論して日本文化を研究し、文化に特化したプロパガンダを作ったのです〔pp.216-217〕。これについて体系的に調査したのが、福井七子でした。[2]

◇太平洋問題調査会

✣米軍戦時情報局

一九四一年に創設された情報調整局は情報戦（心理戦）を担当した。翌年、戦時情報局と戦時情報機関（戦略情報局）に改組。後者はのちにＣＩＡへと改編される。

戦時情報局と同様、戦時中に日本文化や日本に対するプロパガンダを研究する場となっていたのが、極東に関心をもつＹＭＣＡ関係者を中心に一九二五年に設立された太平洋問題調査会でした。一九四四年十二月に開かれた会議への参加者記録には、戦後の日本の精神医学・臨床心理学だけでなく人文学・社会学全般に大きな影響を与えたエリック・エリクソンや、戦後の日本の精神分析を牽引した土居健郎に強く影響を与えたローレンス・キュービーの名前も見られます。このことは、さらなる調査と検討を要する歴史的な事実だと思います。

この戦時情報局と太平洋問題調査会に、人類学者であり社会学者であるジェフリー・ゴーラーが参加していました。彼はベネディクトの同僚としても知られています。このゴーラーという人物については、福井七子が、彼の遺した資料を調査して、多くのことがわかってきました。

Ｇ・ゴーラーは一九三一年に、コートジボワールの森に住むゴロ族の村を訪れて滞在します。このときの経験をもとにゴーラーは『アフリカは踊る』という著作を発表し、マーガレット・ミードやR・ベネディクトといった著名な人類学者の関心を集めました。そして彼は米国を拠点とし、エール大学のジョン・ドラードのもとで精神分析理論を含む心理学を学びます（J・ドラードはニール・ミラーとともに、学習理論の観点から精神分析理論を再構成した「社会的学習理論」を提案した人物として知られています）。

ゴーラーは一九四一年頃から、精神分析理論をみずからの人類学的研究に応用して、日本に長期間滞在したことのある米国市民に対してインタビューや聞き取り調査をしていきます（日本の須恵村に滞在した文化人類学者ジョン・エンブリーや、共立女学校の校長として一九〇一年から一九三六年まで日本に居住していたクララ・ルーミスが含まれます）。ゴーラーはこういった協力者に対して、「日本人が子ども時代から感情をコントロールするようにトレーニングされていること」「真実に対する日本人の態度のわかりにくさ」「愛国心と滅私」「メンツを失うことへの恐怖」、そして「日本人男性のサディスティックな攻撃心」といった項目を設定し、聞きとりをしていきます。

彼の中心的なテーマは次のようなものでした。それは「なぜ日本人は中国大陸において、あれほどまでに残虐な行為をすることができたのか」、そして、「日本に対する勝利を目前にして、連合国は日本政府や日本人に対してどのように関わるべきか」ということです。ゴーラーの研究は米軍情報調整局長官ウィリアム・ドノヴァンに大きなインパクトを与え、「日本計画」✢[3]に生かされ、ダグラス・マッカーサー率いるGHQ✢による対日プロパガンダ政策や占領政策に、少なからず影響を及ぼしました。

儀式的な退位

ゴーラーは日本の天皇制を精神分析的に理解しようとし、国体明徴運動下における天皇は、日本人全体にとってどのような〈対象〉となっているのかを研究し

✢**日本計画**
一九四二年、米国陸軍省軍事情報部心理戦争課が作成した、連合軍の軍事戦略を助けるための、日本に対するプロパガンダ戦略を提言した内容。

✢**GHQ**
日本の占領・管理を担った連合国軍総司令部 *General Headquarters*。マッカーサーはこの最高司令官 *Supreme Commander for the Allied Powers*。

ます。「国体」とは、一九三五年の明治政府による国体明徴運動のときに主に構築された、「天皇が統治権の主体である」国のかたちを指し、「日本が天皇の統治する国家である」ことの基本をなす原理です。[4]

世界に冠たる万世一系の天皇は、日本国民の誇りであり、天皇は人間であるが人間でない、神であるとされます。日本のナショナリズムの核心に、天皇を現人神として崇める「国体」信仰があったのです。特に戦中には、天皇は神に近い存在としてその権威と神聖性が高められ、国民一人一人が天皇を守るために戦うことが求められました。

ミッチャーリヒの理論に沿って考えれば、日本人は天皇に対して「自己愛的な同一化」をしていたと思われますが、天皇はヒトラーに比べて理想や大義を言葉にすることはなかったため、天皇が日本人にとって「自我理想の表象」として機能していた部分は少なかったのではないかと思います。むしろ、自己を埋没させ一体感を感じ、強く依存することができる〈対象〉として表象されていたのでは

◇国体明徴運動

ないかと考えます。

天皇に対する幼児的な依存が教化・強化されると、集団内には相互の同一化と、表立って攻撃性を現わすことができない圧力が高まり、集団外の対象に対する攻撃性の発露が準備されます。このときには、グループ外の対象（米英や中国大陸とそこで住む人）を排除し、「鬼」と呼んでみずからの攻撃性を投影するダイナミクスが生じたと考えられます。

ゴーラーは「日本人の性格構造とプロパガンダ」という論文で、日本人にとって天皇がどのような対象なのかを次のように説明しています。[5]

> ミカドや皇室については尊敬以外の言葉で語ることはできない。ミカドを攻撃することは、中世のローマカトリックの法王を攻撃するのと同じである。つまり、それは神聖なものを汚すような愚かな行動に対する［日本人の――引用者］怒りを掻き立てるだけである。……ローマ教皇制度のように、現在地位についている人は、どちらかといえば大した重

攻撃性を受ける対象として、みずからの攻撃性を投影する

要性はもたない。ミカドの聖なる尊厳が〔連合国によって〕認められれば、人々は天皇を裏切ったり、辱めたり、天皇の名を利用することで怒りを受けるような人たちを、儀式的ではなく本物の権限で攻撃し得る。〔ibid, p.75〕

◇脱価値化

ドイツの敗戦に際して、連合国はヒトラーを「脱価値化」しましたが、ゴーラーは、日本に対する占領政策において天皇を侮辱するような言論を慎むよう進言します。そして、連合国が天皇の神聖性を維持することで、実際に戦争遂行によって重要だった人物に対して日本人の非難や批判を向けることができる、と分析しています。

一貫して現在の地位をもっている人たちと、〔日本史において――引用者〕知名度が高く、〔天皇を冷遇したことで〕歴史的に侮辱された人々を比較し、彼らにたとえば「コパー・ヘッド」とか「ベネディクト・アーノルド」といったニックネームをつけ、彼らを見下げ果てた愚か者にし、国民の信用と信頼を現象させるようにする。再度強調するが、リーダーの品格を下げるのは日本的にしなければならないことである。こうしたキャンペーンによって、何人かのリーダーに儀式的な自殺をさせることも可能かもしれない。〔p.76〕

戦後の近衛公麿や東条英機の自死を予感させる記述です。戦後に、十五年戦争は「軍部」が天皇を無視して、品格を欠いた軍部による「暴走」によって発生したという物語が形成されていきますが、連合国によるプロパガンダという側面があったことを考えさせます。

◇極端な例：日本

ゴーラーはまた、ベネディクトの一九四四年六月の「天皇はいかに処遇されるべきか」や「日本人の行動パターン」といったレポートに先駆けて、一九四三年に「極端な例：日本」という研究で、象徴天皇制に関するアイデアを伝えていました。[6]

ゴーラーは、帝国主義的で侵略的な日本が再燃することを防ぐために、過去の軍事的・商業的侵略の芽を排除することが必要不可欠であり、それには、日本政府の政策推進にかかわった人たちの権力と影響力を奪うだけでなく、政府にかかわる有力な一族の結束と家風の影響を検討する必要があると述べ、旧財閥を形成した三井と三菱、住友を研究したうえで、天皇家について考察しています。

天皇家をなくしてしまうことに対する議論は、深い感情に裏打ちされており、強い論議となることは疑うべくもないことだろう。戦争自体、同時に起こったさまざまな暴力事件とともに、天皇の名のもとに行われた。今上天皇は、連合国の諸国の人々の憎しみの象徴である。絶対君主制は、連合国の大多数にとって嫌悪感を引き起こすものである。しかしながら、大多数の日本人が何か別の政府の形態を望んでいることが示されなければ、皇族を保持することには多くの理由がある。今上天皇を説得して天皇の地位を放棄してもらい［日本の歴史には、これに対する数多の先例がある――ゴーラー引用］、後継者にその地位を譲るのが、ことによると望ましいかもしれない。皇室を残存されることを是とする主な理由はすでに述べた。つまり、敗北によるカオスや混乱を最小限にとどめたいからである。天皇は権限の大小はあるとしても、日本の歴史のさまざまな局面を通して、永遠の存在であり続けている。いろいろな変革はすべて天皇の象徴的な指導のもとで行われてきた。多くの日本人にとって、天皇抜きの憲法は考えられないことであり、そして外国人による力尽くの強制的な退位は、思い描いている目的とはまったく反対の結果となる精神的な混乱と、戸惑いの状態を生じさせることになるだろう。〔p.150〕

このようにゴーラーは、連合国にとっては昭和天皇が憎しみの象徴ではあるが、日本の敗北によるカオスや混乱を限定的なものにするためには、皇家を残すことが必要であり、強制的な退位をおこなわせた場合には日本人の精神的な混乱と戸惑いの状態を生じさせる、と考えています。そして、「天皇の象徴的な指導」によって、日本の歴史においてさまざまな変革がおこなわれてきたと述べ、天皇の象徴的な役割を既に一九四三年に提案していたのです。

象徴的ではなく実際の天皇の力は、時代によってさまざまである。連合国の目的を果たすためには、天皇の象徴的な力を利用する方が、他の方法よりさらに効率的で早急に行えるであろう。大日本帝国憲法は明治天皇によって「承認された」。もっとリベラルな憲法が後継者によって「承認される」こともありうる。なぜなら勅令は、多くの軍隊よりもより大きな働きをし得るのである。勅令は捨て去るにはあまりに短慮に過ぎる政治的な道具なのである。〔p.150〕

現在、天皇の象徴的な力は、侵略を進めるための主たる道具である。しかし他方、賢明に利用されれば、連合国にあってはもっとも有用なものとなりうる。〔p.151〕

ゴーラーは、連合国の目的を維持するために、天皇家を解体するよりも、天皇家を維持させ、天皇の象徴的な力「勅令」を利用し、よりリベラルな憲法を承認させることを勧めます。

この文書を翻訳した福井七子は、一九四四年五月から政治情報局では、プロパガンダによって昭和天皇のことを侮辱しないようにという指示が出されていることから、一九四三年にゴーラーの書いたこの文章が、ルース・ベネディクトが一九四四年七月に米軍戦時情報局に提出した覚書「天皇はいかに処遇されるべきか *What shall be done about the Emperor*」に何らかの影響を与えているのではないか、と示唆しています。

戦後、ＳＣＡＰの強い影響下で、「天皇の象徴的な利用」や、天皇の勅令を利用した「もっとリベラルな憲法」の公布がおこなわれますが、この前提となる日本人の精神構造に関する基本的理解がゴーラーによって提供され、後にゴーラーの提案が日本で実現したと言えるでしょう。

占領期、米国議会では、天皇を裁判にかけるべきだという議員がおり、極東委員会でも天皇の責任を問う声が高まっていました。[7]

しかしマッカーサーは、天皇を裁判にかけ仮に処罰することになると、占領政府が日本国民の人心を掌握することが難しくなり、日本がテロリズムの温床になるのでは、と恐れていました。加えて、当時彼は東アジアにおいて、国際連合軍総指令官としてソ連や中国をはじめとする共産圏の国々と対峙しています。

文芸評論家であり戦後史を考察してきた加藤典洋によれば、マッカーサーは敗戦後に天皇の命を助け、天皇をGHQによる間接統治のかなめにしようと考えていました。ゴーラーらの研究は、戦後の連合国軍による占領政策の基本的な軸を提供し、日本の土台を決める天皇家を維持したことや、憲法の公布の仕方にも影響を及ぼしているように思われるのです。

神の人間宣言——三島由紀夫の『英霊の聲』

天皇を象徴的に利用しようと考えるマッカーサーは、天皇を裁判にかけることも、退位させることもせず、天皇に人間宣言をさせます。来るべき国際裁判において天皇が起訴されて戦争責任を問われる事態を回避するために、「象徴天皇制」「戦争放棄条項」を基本型とするGHQ主導の憲法改正が必要でした。このために、一九四六年一月一日には天皇の人間宣言の詔勅をおこないます。[8]

◇人間宣言

天皇の人間宣言、このときに日本は、心の中心にあった「神である天皇」と「天皇との紐帯」を失ったのです。ドイツは敗戦の過程でアドルフ・ヒトラーの死によってドイツ共通の理想自己や自我理想の表象を失った一方で、日本は現人神である天皇という対象を失ったのです。

ドイツと同じく、日本でも自己愛的な対象ないし理想自己の損失と、それによる自我の貧困化および自己価値の著しい低下が起きかねなかったと思います。

しかし、この人間宣言をおこなったことは、すんなりというか、まるで無風状態かのように日本国民に受け止められ、いかなる事件も引き起こしませんでした。

加藤典洋は次のように述べています。[9]

つい最近までは、神として信仰の対象であったはずの天皇が、いまやマッカーサーのかたわらに転校生のように直立不動で立ち、人間宣言を行いながらも、開戦責任を問う東京裁判の免責について口を閉ざしている。〔p.175〕

多くの国民が、日々の生活に追われながら、はっきりとした自覚のないまま、深く失望し、その結果、日本の国民の心の中には、エリートと非エリートを問わず、政府要人と一般庶民を問わず、大きな空白が生まれていた。〔p.176〕

◆空白

加藤典洋が指摘した〈空白〉というのは、国体が解体され、現人神であった天皇と、天皇との紐帯が失われた経験を表していると言えるでしょう。日本は神である天皇を失った。これに対して多くの日本人は、哀しむのではなく、無関心と呑み込みの機制によって応じたのです。内的関心の疎外、つまり、国民的にエネルギーや関心をもっていた対象が権威どころかその対象としての機能が失われたことについて、無関心という非常に強い防衛で反応しました。結果として、日本においても圧倒的な自己価値の消失とメランコリーの爆発は起きなかったと言えます。

無関心という非常に強い防衛

前述のように、戦時情報局と太平洋問題調査会では、日本において混乱やテロリズムが起きないよう細心の注意をはらい、そのための心理学的調査をおこなっていました。調査会には精神分析家が何人も入っていたので、当然、「悲哀」や「哀しみ」の反応についても検討されていたのではないかと思いますし、結果として混乱(圧倒的な自己価値の消失)もテロリズム(メランコリーの爆発)も起きませんでした。

これがどこまで計画どおりだったのか、精神分析的な予想がどれほど入っていたのか、入っていなかったのか、SCAPによるゴーラーの研究や覚書の運用や、太平問題調査会の議論がどのように作戦や政策の決定に生かされたのかを、歴史実証的に検討していく必要があります。

なにかを隠すための復興

前章で述べたように、著書『喪の不能』のなかで、ミッチャーリヒ夫妻は、三つの反応形式によって、ドイツ国民はユダヤ人大量虐殺といった圧倒的な罪の重荷に対する洞察を遠ざけたと述べています。①きわ立った感情の硬直さ、②誇りを傷つけられたという徴候なしに、やすやすと征服者に同一化する、③躁病的な取り消しという復興への強力な共同的努力への道です。

これらがすべて、日本でも起きました。日本においては、環太平洋における南京大虐殺、従軍慰安婦、戦争捕虜の虐待、そして真珠湾攻撃といった殺戮の罪悪への反応として、日本人は征服者であるダグラス・マッカーサーおよび勝者である米軍への同一化と理想化、いかなる戦争も放棄することを謳った憲法第九条へ素早く同一化しました。そして朝鮮戦争を契機に、経済システムへの同一化と復興に邁進したことで、自己の価値喪失を避けることに成功したように思えます。

したがって、復興が叫ばれるときには、復興自体による利益も社会的に評価されますが、復興に邁進することによって、喪失や過去を見ないですむようになることが、同じくらいあるいはそれ以上に心理経済的に✢重要なのです。復興も大事ですが、復興によって何かを隠すことのほうがより大切なのです。つまり、復興の努力をすることによって、現人神としての天皇の喪失と虐殺の罪悪を認識する苦痛を感じなくてすむのです。

少なくない数の日本人がおこなった防衛のひとつとして、原始的な対象に対する強い攻撃性の防衛があると思われます。

国体の解体から朝鮮戦争までの二年の空白期間に、現人神でなくなった天皇に対する攻撃性が抑圧されたとすると、精神分析の病理論としては、抑圧された攻撃性は、反復強迫のかたちで再帰します。「復興」によって反復強迫 *repetition-*

✢心理経済的に
フロイトは、心理的な力をエネルギーとしてとらえ、自分自身または他の対象にこのエネルギーが向かう、その精神興奮の量的ふるまいを考察した。

復興も大事ですが、復興によって何かを隠すことのほうがより大切なのです。

◇反復強迫

compulsion への強い傾向が準備されます。

そうしたなか、空白となっていた天皇、日本人が哀しむことができなかった天皇を呼び戻そうとし、現人神でなくなったことに怒りをあらわした作家がいました。それが三島由紀夫です。

還ってきた攻撃性

磯前順一は『昭和・平成精神史――「終わらない戦後」と「幸せな日本人」』のなかで、作家の三島由紀夫が「日本人が現人神を喪失した問題」に取り組んでいることを指摘しています。[10]

一九六六年に発表した小説『英霊の聲』のなかで三島は、一九三六年の「二・二六」事件で処刑された青年将校の幽霊が憑代の口を通して語る言葉によって、国体明徴運動下の戦前・戦中の日本の兵士と国民にとって天皇がいかに聖なるものであったかを描いています。[11]

青年将校の亡霊は天皇について次のように語ります。

> われらの心は恋に燃え、仰ぎ見ることはおそれ憚りながら、忠良の兵士の若いかがやく目は、ひとしくそのおん方の至高のお姿をゑがいてゐた。われらの大元帥にしてわれらの慈母。勇武にして仁慈のおん方。〔ibid, p.242〕

このように、天皇は男性でありながら、「われらの慈母」（慈愛に満ちた母性的な対象）として、日本人にとっては原始的な〈対象〉として機能していたのです。

三島由紀夫は戦後の日本の変わりように失望し、天皇の神格と権威の回復を望んでいました。一九七〇年に三島は自衛隊の市ケ谷駐屯地に立てこもり、自衛隊員たちに決起を促す演説をおこないます。しかしその場にいた隊員たちに演説は聞き入れられず、三島は割腹自殺をするのです。日本を代表する作家の行動と割腹は、多くの日本人に衝撃を与えました。三島の行動は、第二次世界大戦が終わっ

第二次世界大戦が終わっていない

ていないことを人々にはっきりと示し、思い知らせたのです。

一九七五年、昭和天皇が初の訪米から帰国した際、記者が昭和天皇の戦争責任について問う質問をしました。天皇は『そういう言葉のアヤについては、わたしはそういう文学方面はあまり研究もしていないので、よく分かりませんから、そういう問題についてはお答えできかねます』と答え、自身の戦争責任について言及することはありませんでした。三島は生前、昭和天皇の態度に失望しており、天皇は象徴的な人間をやめて、現人神であり続けるべきだったと主張していたのです。ある意味では、三島の主張は失われた〈対象〉との情緒的な絆・紐帯を取り戻そうとするものだったと言えると思います。

三島はおなじ『英霊の聲』のなかで、敗戦後、日本国民がもっとも神であり続けることを望んでいた天皇が、国体を解体して人間になったと、作中の幽霊を語らせて昭和天皇を批判しています。

「神になる」と言われて自爆攻撃をおこなった神風特攻隊の隊員の亡霊は次の

ように語ります。

われら自身が生ける神であるならば、陛下こそ神であらねばならぬ。……［そこに――引用者］われらと歴史をつなぐ唯一《ただ》条の糸があるからだ。……神のみが、このやうな非合理な死、青春のこのやうな壮麗な屠殺《とせつ》によって、われらの生粋の悲劇を成就させてくれるであらうからだ。さうでなければ、われらの死は、愚かな犠牲にすぎなくなるだらう。われらは戦士ではなく、闘技場の剣士に成り下がるだろう。神の死ではなくて、奴隷の死を死ぬことになるだらう。［p.269］

◇奴隷の死

天皇が現人神であることによって、特攻という不合理な自爆攻撃をする青年たちは神の領域にとどまることができたはずが、天皇が人間宣言をすることによって、特攻をおこなった青年と天皇の繋がりは失われ、特攻による死は神聖さを失い奴隷の死となってしまったと恨むのです。

神風特攻隊の隊員の亡霊は次のように重ねます。

昭和の歴史においてただ二度だけ、陛下は神であらせられるべきだった。……それを二度とも陛下は逸したまうた。もっとも神であらせられるべき時に人間にましましたのだ。

一度は兄神たち〔二・二六事件の青年将校たち――引用者〕の蹶起《けっき》の時。一度はわれら〔神風特攻隊――引用者〕の死のあと、国の敗れたあとの時である。

歴史に「もし」は愚かしい。しかし、もしこの二度のときに、陛下が決然と神にましましたら、あのやうな虚しい悲劇は防がれ、このやうな虚しい幸福は防がれたであらう。〔p.280〕

亡霊たちは「虚しい」と嘆き、「などてすめらぎ（天皇の継承）は人間《ひと》になりたまひし」〔p.248〕と、神であったあなたはなぜ人間になったのですか、と昭和天皇を恨み、憑代となっている青年に繰り返しとりつきます。そして、

「などてすめらぎは人間《ひと》になりたまひし」

> もしすぎし世が架空であり、今の世が現実であるならば、死したる者のため何ゆゑ陛下ただ御一人《ごいちにん》は、辛く苦しき架空を護らせ玉はざりしか。
> いかなる強制、いかなる弾圧、いかなる死の脅迫ありとても、陛下は人間《ひと》なりと仰せられるべからざりし。〔p.282〕

奴隷の死を被ることになった兵士たちが信じた架空（幻想）を護るために、天皇は現人神という架空を護るべきであったと言い、いかなる強制や死の脅迫があったといえども現人神である天皇との絆を信じて死んだ者たちのために人間宣言をするべきでなかったと嘆くのです。

亡霊たちは涙を流し、怒り苦しみ、憑代である青年を弄り、死に至らしめます。その青年の死に顔は、「何者とも知れぬと云おうか、何者かのあいまいな顔」に変容してしまうのです。

小説家の瀬戸内寂聴は、この「あいまいな顔」は昭和天皇の顔であろうと読み取り、それを三島に伝えたところ、三島は否定しなかったそうです。[12] 物語のなかで現人神でなくなった天皇に対する怒りや恨みは強烈に表現され、それは〝喪の作業〟を促進させるものであるはずですが、三島の小説は、憑代の青年が「なにものでもない顔」で死ぬのを参集者たちが目撃するところで終わります。

三島は、天皇による人間宣言はそれまでの日本人への裏切りであり、神である天皇に対して日本人がもっていた「絆」が喪失していることを明瞭に表現しました。しかしこれは天皇の人間宣言の二十年後の、一九六六年まで言葉にされることはありませんでした。

敗戦の過程でドイツはアドルフ・ヒトラーを失い、日本は国体における「現人神である天皇」と「天皇との絆」を失ったのです。日本が現人神を失ったことに対する無風状態、無関心状態といった反応をしたことで、〝喪の作業〟つまり「神である天皇を失ったことを哀しむ」ことができなくなったのです。

自信ある優れた父親のように

一九四六年のＧＨＱによる天皇の戦争責任の免罪と現人神の喪失過程、この間に形成されていったのは、「天皇が軍部の暴走によって為す術がなかったのだ」という、天皇を被害者と捉える言説でした。ゴーラーは次のように書いています。

> 日本人の心理戦争の可能性は、個々のリーダーたちに恥辱や不信を植えつけることがもっとも効果が期待できるだろう。もしアメリカの放送が、「自信ある、優れた父親」の役割を一貫して演じるなら、そしてもしこの役割を受け入れるなら、〔日本の――引用者〕個々の軍人や政界のリーダーのあざけりや軽蔑を遠まわしにいうことは比較的容易だろう。これが効果を発揮する唯一の方法は、他の個々人を称賛することによってうまく均衡をとることであり、また称賛やあざけりが西洋の言葉ではなく日本的に表現されるべきであろう。

ろう［ママ］。つまり、ヨーロッパ人にとって残虐さや残忍さをもった兵隊を責めることはできるが、日本人にとってはそれはおそらく効果的ではないだろう。だが一方、不適切な言動やエチケット上、間違っている兵士をグロテスクなほど不適切な行動であると非難することは、我々自身より日本人の観点からみればより大きなダメージとなるであろう。〔ibid, p.74〕

このようにゴーラーは、日本との戦争の勝利後、日本を占領する連合国あるいは連合国のプロパガンダは「自信ある、優れた父親」のように振る舞うべきであると報告書に書きました。

一九四五年八月に日本はポツダム宣言を受諾し、降伏します。そのときの敗戦から一九五二年まで、日本は連合国に占領されていました。連合国の司令部であるSCAPは米国軍が実権を握っていましたが、総司令官であるマッカーサーの、フィリピン帽にサングラス、コーンパイプに軍服といった出で立ちや、振る舞いは、かなりゴーラーの報告書で提案した姿に近かったのではないかと思います。

一九四四年十二月に開催された太平洋問題調査会の会議においても、人類学者のダグラス・ハーリングと、精神分析家のトーマス・フレンチやアーンスト・クリスが、「敗北によって日本人のパーソナリティの人格構造が破綻することや集団的な自死の可能性」について検討し、米国は日本に対して弟に対する兄のように保護的にふるまうことで日本人に居場所や帰属感をもたらすことができるだろうと分析しています。[13]

罪悪感について

一九四六年五月から一九四八年十一月にかけておこなわれた東京裁判への昭和天皇の出廷が免除され、天皇の名による植民地支配と戦争の責任が免責されたことは、敗戦後に日本人が語る言葉から「加害者」としての自己像を語る言葉を奪うことになりました。[14] 加えて、ソ連軍による日本市民の強姦、引き揚げの苦労、敗戦直後の闇市体験といった「被害」の経験がクローズアップされ、くり返し語られます。

◆被害の神話

こうして、「一般の日本人はひどい目にあったのだ」という被害の神話が反復再生産される社会的構造が形成されていきました。そうした被害の神話が形成されることで、「天皇のように日本人はみな軍部にだまされたのだ」という、天皇への同一化と、個々人の戦争参加の無害化が起きたのではないでしょうか。

被害者としての日本を統合する象徴

日本人がみな天皇のように被害者になったことにおいて、天皇への同一化も継続していたのです。この点において、昭和天皇は「被害者としての日本を統合する」象徴として機能したと言えそうです。

しかし実際には、開戦にあたっても、戦争の長期化に関しても、昭和天皇の果たした役割は小さくありませんでした。もし天皇に対する自己愛的同一化が日本人に維持されていると考えると、東京裁判に天皇が東京裁判に出廷しなかったことで天皇が免責され、過去を不問にされたことは、日本人全体として過去が不問にされ、過去の否認が成功した瞬間になったと言えそうです。天皇が免責されたことによって、日本人は全体として過去に向き合うことができない構造が形成されたと考えられます。

過去に向き合うことができない構造

悲哀の回避

私たちはこれを日本人だけの問題としてはなりません。米軍の戦時情報局そして太平洋問題調査会によるリサーチ、米軍を主体とするGHQあるいはSCAPを通した意思決定がおこなわれたということです。占領政府によって、第二次世界大戦の「被害者としての日本」の象徴として、天皇は利用された面があります。これによって日本人は、現人神を失った〝喪の作業〟も、過去の罪に向き合うこともできませんでした。

そして精神分析的臨床家として忘れてならないことがあります。それは、米軍のプロパガンダ作戦そして占領期以降の対日政策において、米国の著名な精神分析家たちがディスカッションに加わり、ＧＨＱあるいはＳＣＡＰの決定に、日本人に対する精神分析的理解が使用されたということです。精神分析家であれば誰もが知っている〈悲哀とメランコリー〉の理論がどこかで使用され、巧妙に「悲哀のプロセス」あるいは「爆発的なメランコリー」が回避される政策決定がおこなわれたように見えます。そして日本人は、いまだに「哀しむこと」ができないでいるのです。

こうした戦後の「被害の神話」には、より根源的な神話と結びついていることが考えられます。それは、古事記です。ここから北山修の「見るなの禁止」理論との関連を論じていきます。

第四章

罪の感覚、「すまない」物語

北山修の「見るなの禁止」

ミッチャーリヒは、戦後の西ドイツにおいては、メランコリーによる自己の貧困化と自己価値の著しい低下を防ぐために、ヒトラーとナチスの教義の理想化の否認およびエネルギー充当の撤回、そして過去一切の否認とエネルギー充当の退却がおこなわれた、と述べています。

過去を否認し過去をタブーにすることは、心にとって都合がよいのです。わたしたちは、みずからが所属する国、共同体がおこした非人道的行為・大量殺戮に対する罪悪感や恥辱、不安を、感じなくてすむからです。

一九四六年から一九四八年、ＳＣＡＰ主導でおこなわれた極東軍事裁判ですが、そこに現れた政治的なリーダーたちには、日本軍の非人道的行為に対する責任感がまったく感じられませんでした。

政治哲学者の丸山眞男は日本政治における「無責任の体制」について、次のように述べています。[1]

無責任の体制

我が国の不幸は寡頭勢力によって国政が左右されていたというだけでなく、寡頭勢力がまさにその事の意識なり自覚なりを持たなかったということに倍加されるのである。各々の寡頭勢力が、被規定的意識しか持たぬ個人より成り立っていると同時に、その勢力自体が、究極的権力となりえずして究極的実体（天皇）への依存の下に、しかも各々それへの近接への主張しつつ併存するという事態がそうした主体的責任意識の成立を困難ならしめたことは否定出来ない。〔p.73〕

丸山は日本政治においては、限られた一部の人たち（寡頭勢力）が政治を動かし、その一部の人たちが、みずからが大きな権力を行使していることを意識せず、自覚もない、とします。そして、なぜ、そのような意識や自覚をもてないかというと、究極的に天皇に依存して、みずからの天皇への近さを主張しながら、強い権力を持ったまま天皇と併存することを続けるので、その寡頭勢力は主体的に責任をとることができないのだ、と論じています。

米軍による対日プロパガンダに加わった前述のジェフリー・ゴーラーは、人類学者ジョージ・サンソムを次のように引用しています。[2]

〔日本において——引用者〕いろいろな罪は、儀式上の不潔と道徳上の罪との間に全く区別を認めていない。……日本の古い宗教では、道徳に対する抽象的観念をほとんど完全に欠いていたことが分かる。その掟は倫理的ではなく、慣習的儀式的である。〔p.23〕

G・ゴーラーは、日本にはそもそも不潔ということと区別された「罪」の観念は欠けていて、そのため、罪意識は「反省」や「後悔」といった感情的な作業をうまず、汚れたものを洗い清めるような行動的な反応「儀式」によってみずからの道徳的な逸脱や悪を否認することに留まることを示唆します。ここから、悪の問題に取り組むことや、悪を理解する能力さえないのではないかと述べています。

悪を理解する能力さえないのではないか

清潔さのトレーニング

日本がアジア・太平洋地域でおこなった残虐行為を、ゴーラーは病理的だとし、その原因を日本人の発達過程に求めて、日本人の子どもが幼児期初期から受ける、過度に徹底した「清潔さ」を指向したトレーニングは、無意識の攻撃心を強く生み出すことになり得る、と一九四二年に述べます〔p.66〕。

そしてゴーラーは、男児が家庭において甘やかされ母親が家庭において奴隷のように働かされていることを指摘し、「個人レベルでは『強迫神経症』と呼ばれる特徴的症状の大部分を、日本人は集団で持っている」と述べました。

◇強迫神経症

そのため、強い攻撃的な願望が抑圧されていて、「不浄なもの」に対して否認する・打ち消す儀式に執着し、罪の意識をもたないのです。罪に対する意識は「罪悪感」ではなく恥や汚れが基調となります。そのため、罪に対する態度は「悲しむこと」ではなく、「懺悔」でもなく、水に流すこと、忘れることが中心になります。

この国では罪や罪悪感は問題にならず、むしろ「穢れ、清潔／不潔、醜悪など」に強くこだわるところがあります。そして「この綺麗好きが、神道を通じて国家規模で実践され、天皇制に関わる儀礼意識まで通底させられた」とも言われます。[3]

極端に強い攻撃的な願望が深く隠されている

このような日本人の強迫神経症と「内に秘めた激しい攻撃性」に、ゴーラーは戦中から気づいていたのです。日本人は罪の意識をもたず、むしろ「不浄なものに対する儀式」に執着・固執し、その儀式の背景には、無意識の極端に強い攻撃的な願望が無意識に深く隠されていることを指摘していたのです。

日本の社会は、他のほとんどの社会で是認されている攻撃性を解き放すための機会が少ない。そして理屈からいえば、適当な状況があれば、攻撃性が発散されることになる。このことは、ほとんどすべての訪問者を魅了する日本中に浸透しているその生活の穏やかさと、ほとんどすべての偵察員や新聞記者を怖がらせた戦争中の日本人の閉口させるほどの残忍性とサディズムとの際立った差異に対して、もっともうまく説明している。〔ibid, p.30〕

ゴーラーをはじめとする戦勝国の社会学者・人類学者が指摘した、日本人の徹底した「清潔さ」を指向したトレーニングは、戦後七十年が経ったいまでも続いていると言えるでしょう。

ちなみに、二〇一九年から今日までのコロナ禍にあって、「清潔さ」のトレーニングに拍車がかかっています。日本人が全体として持っている〈強迫神経症〉が、新型コロナウイルスの蔓延をある程度、防いでいるのかもしれませんが、コロナ禍のあいだによく観察されている「自粛警察」といった現象や、SNSでの残酷

日本人が全体として持っている強迫神経症

までの排除や、自死に至るまでの誹謗・中傷、そしていじめといった、攻撃性の発露は、「清潔さ」に関するトレーニングと無縁ではないのです。

繰り返される禊ぎの儀式

一九七五年、昭和天皇は戦争責任について問われたときにも、『そういう言葉のアヤについては、わたしはそういう文学方面はあまり研究もしていないので、よく分かりませんから、そういう問題についてはお答えできかねます』と答え、自身の罪悪感や恥辱を語ることはありませんでした。

日本的リーダーはなぜ罪の意識をもつことができないのでしょう。

精神分析家の北山修は、国体明徴運動において正史として教育された日本の神話「古事記」を分析することを通して、日本社会における罪悪感の問題を考察しています。

北山はこれまでも、そこに日本社会や日本人の心的構造に影響を及ぼす根本的な物語（あるいは大きな物語）があり、それが日本社会や日本人に反復されているという基本仮説に基づき、古事記や物語を分析しています。

それでは、古事記のイザナキ・イザナミ神話を簡単に紹介したいと思います。

日本社会や日本人の心的構造に影響を及ぼす根本的な物語

日本の国造りをしたのは二人の神である。イザナミという男神と、イザナギという女神で、彼らは夫婦であり兄妹である。中つ国において、男神と女神は多くの神を生み出したが、最後に女神が火の神を生んだとき、その大火傷がもとで女神は死に、根の国に行ってしまう。男神は女神を生き返らせるために根の国［黄泉の国でもある――引用者］に行き、女神に還ってきてくれと懇願する。女神は「御殿の中にいらっしゃる根の国の神と相談しますから待っていてください。ただし御殿の中を決して見ないでくださいね［な、みまいそ］」と告げ、御殿の中に入っていく。しかし男神は禁を破って中を見てしまう。すると中にいたのは腐乱死体となっている女神であった。男神は「見畏み」恐怖を感じて逃げ出す。女神は「よくも私を辱めましたね」と怒って追いかけるが、男神は中つ国に逃げ帰る。そして中つ国と根の国のあいだに巨岩を置く。こうして死の国と生の国が分けられた。男神は根の国で負った穢れを落とすために、川の流れに入って穢れを水に流す禊をおこなう。

◇日本人の原罪

北山は「男神（イザナキ）が自分が禁を破って御殿の中を覗き、女神（イザナミ）を辱めた罪を、日本人は原罪としてもつ」と指摘しています。[4]

この神話のなかでは、男神であるイザナキは、自分が御殿を覗いたことや女神を辱めたことに関わる「罪悪感」を語りません。黄泉の国から逃げ戻ったイザナキは『なんと恐ろしいものを見てしまったのだろう。禊ぎをおこなわれなければ』と言って、自分の身体を洗います。ここに、罪悪感の否認と儀式による〈打ち消し✣ *undoing*〉の機制を見ることができます。私たちが「汚れ」を水に流せばなるほど、「罪悪感」は深層に落ちていってしまい、私たちの無意識の罪悪感はより深くなっ

✣**打ち消し**
受け入れがたい空想、欲求、衝動などに対する防衛が失敗し、それらが意識に近い領域に混入してしまったことを否定し、「なかったことにしようとする」防衛機制。

ていく。たとえば、福島第一原発の水温を低下させるために生じた汚染水を海水に流すことは、日本語を話す人が原罪として持っている「母（イザナミ）なる土を汚し、辱めた」という罪悪感をさらに無意識なるものとし、罪意識を感じさせないようにするかもしれません。それは、突如として生じる強烈な「攻撃性」「暴力」の表現として現れるかもしれない、ということをゴーラーは示唆しているのです。

罪をおかすと儀式的な行為がおこなわれて罪が否認されるという反復は、不祥事を起こした日本の政治家が次の選挙で選挙運動に従事し、幸運にも再度選出されると「みそぎが済んだ」とされることにも現れています。実際にそういった政治家が不祥事を認めることや罪悪感を表現することは稀です。罪に対して責任をとったりするのではなく、選挙というまったく別の行動で、儀式的に罪は「水に流され」、罪は無かったかのようにされるのです。

罪は無かったかのようにされる

ゴーラーが指摘したような日本人の「無責任」と「儀式による否認」は続いており、イザナキの禊の儀式は、日本人の精神構造に無意識的に影響を及ぼしていて、現代に至るまで繰り返され、反復されているのです。特にそれが、市民や国民の代表である議員にみられる。そういった意味でも彼らは、罪をめぐる私たちの精神構造をも代表しているのかもしれません。

神話的思考と社会的／内的構造

北山修はこのような神話に見られて現代にも続いている行動様式を、「神話的思考」と呼びます。[5]

◇神話的思考

神話であるが故に、日本人の心の構造に無意識的に大きな影響を与えている可能性がありますし、この神話が正しい歴史であると教育した政治主体が日本に一定期間続いてからというもの、神話的思考は私たちの「社会的構造」と「内的構造」の両方に入り込み、社会と深層のダイナミクスに影響を与えていると思われます。

特に、この思考によって、私たち日本人はみずからの内的な暴力や組織的な暴力を意識化する構造を失っている。「罪悪感」をもったときに日本人は相手を『腐ったやつだ』と言ったり、『あいつは鶴だ』と言ったりして異類化し、排除することで、罪悪感が深く否認されるか抑圧される、と北山は指摘します。

私たちの罪悪感は、精神構造の奥深くに抑圧されたまま、とどまっているという仮説です。

罪悪感は、精神構造の奥深くに抑圧されたまま、とどまっている

この神話的思考は物語の中にも繰り返しあらわれます。昔話『鶴女房』では、夜になると妻の〈つう〉は部屋の中に入って機織りをします。障子の中からカタンコトンという機織りの音が聞こえてくるのです。朝になると美しい反物・織物ができている。妻の〈つう〉は夫の〈与ひょう〉にこう言います――「私が部屋

◆見るなの禁止

の中で機織りをしている間は、けっして中を観てはいけないですよ」と。これが繰り返される「見るなの禁止」であり、イザナキ・イザナミ神話の「な、みたまいそ」に対応します。

美しい反物は高く売れて夫婦は裕福になり、〈与ひょう〉は〈つう〉にもっと織ってくれ、もっと織ってくれとせがみ、〈つう〉もそれに応えて多くの反物を作り出します。しかしある夜、〈与ひょう〉は部屋の中を観たいという欲求に負け、妻との約束を破り、夫は部屋の中を覗いてしまいます。

そこに夫が見たのは人間の妻ではなく、鶴がみずからの羽を抜いて傷つきながら反物を追っている姿でした。夫は「つうがおらん」と目の前の鶴が自分の妻であることを受け入れられない。〈与ひょう〉は仲間に同調して、鶴だった妻を『鶴だ、お前は鶴だ』と囃し立てます。与ひょうには自分が「見るなの禁止」を破った罪悪感はなく、妻が夫の要求に応じてみずからを傷つけていたことへの反省もありません。

北山は古事記のイザナミ・イザナキ神話や『鶴女房』の昔話には、日本人の罪に対する基本的な反応が現れており、この物語が繰り返されていると考えます。反復されているので、日本人は罪意識を感じることができず、むしろ、みずからを被害者化し、罪意識を深く抑圧してしまうのです。

特に、徳川政府が大政奉還をおこなって明治政府が成立し国家神道が制定されて以降、第三項に天皇が置かれたと考えられます。しかしこの第三項が、十五年戦争の開始から終戦そして戦後にかけて、合理的に法や倫理を提供する重みになるよう機能したかと考えると、疑問があります。むしろ日本人の規範意識は「穢れ、清潔／不潔、醜悪」という段階にとどまったのではないかと思われます。

北山修が「同類幻想と画一主義から脱出するためには異類が必要になる」と論じているように[6]、法や倫理をもたらす第三項は、二者関係の「和」を壊す異類となるはずですが、丸山眞男や坂口安吾[7]が論じたように、特に明治政府以降の王制

合理的に法や倫理を提供する重み

では、王が異類の役割をとるというよりも、軽くて担がれやすい存在となることで、真っ先にそれを担いで万歳と叫ぶ実際の権力者が、みずからの言動に重みを感じずに好きなように権力を行使し違法行為をおこなう事態が起きましたし、これは古代から現代にかけて続いているところがあるのかもしれません。

◇異議申し立て

日本やトランプ政権下の米国で観察されたのは、一部の指導者やその周囲の人々が積極的に法や倫理を侵し、それに対して誰かがイザナミのように異議申し立てをおこなったとしても、指導者たちはイザナキのように申し立て者を異類化して「穢された」「あんな恐ろしい奴だとは思わなかった、汚らわしい」と言い、異議申し立てを逆に暴力だとみなしてみずからを被害者化するのです。

そして、目の前が清潔になるよう、異議申し立てをした目障りな者を排除するような組織的・構造的な暴力をふるう。何らかの第三者が現れるまで止まることはありません。

日本人が気にするのは、明確な第三項ではなく、非常にあいまいな第三項、不特定多数の「みんな」、不安定な世論、曖昧な世間なのです。[8] このあいまいな第三項が漂いつづけていることによって、例えばSNSの中傷による自己破壊、孤立感の問題と、その極性化による無差別的暴力、ネオ・ナショナリズムの問題など、多くの心の問題が生じているように思われます。

現代の日本においては、集団内で法や倫理といった第三項を打ち出すことは、容易に排除され、異類・異質なものとされます。しかしこのように、あいまいな第三項を続けてしまうと、日本は内向きなままで、他者と交わる機会はますます狭まっていくことになります。グローバリゼーションの世界において私たちが目にしているのは、共生の難しさであり、GAFA✚と呼ばれる一部のグローバル企業とそのアルゴリズムが人々の情報の非常に奥深いところまで把握して征服している、という現状です。形を変えた征服・支配の構造だと考える人もいます。

日本はこのグローバル化のなかで勝者とはなりませんでした。この世界化にお

8 このあいまいな第三項が漂いつづけている

✚GAFA
米国に本社のあるグローバルIT企業四社(Google, Apple, Facebook, Amazon)の頭文字をとった造語。

ける被征服者であるという認識が、いま、十五年戦争の直前のように興隆しているとするなら、加害の自己認識を曇らせ、歴史修正主義的なものを生んでいると思います。

ジェンダー役割の固定化

前述したように、ミッチャーリヒ夫妻が喪失と罪悪感に対する防御として挙げた方法のひとつに、感情の顕著な硬直化があります。[9] このことは、戦後の日本における性別役割分担の変化の困難さと硬直性をも説明します。多くの国では、ジェンダーは流動的な概念となり、男性／女性のアイデンティティや男性性／女性性イメージの二元論が否定され、ジェンダー流動性概念への道が開かれましたが、日本では、伝統的な性別役割がまだかなり固定化されています。

イザナキ・イザナミ神話で示されているように、屈辱を受けた女は怒り、男は怒った女に「なんとひどいもの、汚らわしいものを見てしまったんだ」と恐怖を抱く。そして、男は女を傷つけた責任をとらずに逃げ出し、女を排除してしまう——これが日本の歴史の中で繰り返されてきた物語のパターンです〔p.151〕。一方、女神が「見ないでください」「な、みたまいそ」と言うことには、男神に自分の朽ちた体を見るように誘惑している面もありますが、男神が女神を見ておどろくと、「あなたは私を辱めた」と怒るのです。

このように日本では、男女が自分のなかにある恥や「醜《みにく》さ」(日本語では、醜さは「見る」という言葉に由来します)を互いに投影し続けます。[10] そのため、集団的な恥や罪悪感を解消することは非常に難しく、この強い羞恥心を抑圧するために、性別役割分担が変わらずに維持されているようです。

問題の根底にあるのは、最愛のパートナー、最愛の対象が失われ、醜くなって

神話に根源的に示されているように、最愛の対象を失った喪の作業がなされていないことにあります。古いジェンダー認識を変えることは、喪に服すことを必要とし、「喪失」を受け入れる過程が望まれます[11]。

最愛の対象を失った喪の作業がなされていない

いまもある「根の国」——村上春樹の『騎士団長殺し』

国文学者の橋本雅之は次のように述べます——「男神が示した、罪悪感をもたず罪を水に流すという態度は、他国には理解できないものであろう。そして、男神は自分の罪を禊によって水に流すべきではなかった。男神は根の国✚に留まり、女神の死を心から弔うべきであった。私たちが、根の国での罪に立ち返り、原罪として受け止め直すためには、異界巡りをしなければならない[12]」というように。

現代における「根の国」というものを考えたときに、アジア・太平洋地域は、

✚**根の国**
「死の国」「黄泉の国」とも呼ばれる

いまも、日本人にとっての「根の国」なのかもしれません。それは南京であり、慰安所や戦争捕虜収容所が建っていた場所です。中国大陸であり、朝鮮半島であり、環太平洋地域です。

本書のプロローグで述べたように、国際的な場面において日本人は、加害者としての母国や加害者としての自己に直面することに迫られます。特に、アジア・太平洋地域に出向き、そこで誰かと会うことは、私たちが父祖の罪と過去、そして私たちの否認を見ざるを得ない状況となります。内向きな視点に留まっている限り、私たちは「被害者神話」あるいは神話的思考から抜け出ることは難しいと言えます。

みみずくの羽音に導かれて

村上春樹の小説『騎士団長殺し』[13]は、ドイツと日本の第二次世界大戦における「悪」が背景となっています。

◇顔のない男

物語は、「顔のない男」が主人公に自分の顔を絵に描いてくれと頼むプロローグから始まります。主人公の「私」は男性の肖像画家です。妻とともに生きていくための最低限の収入を得ることはできていますが、自分の作品といえるような絵を描くことができません。実は「私」は、若いときに〈対象〉である肉親を喪失しており、その対象を追い求める気持を妻に重ねて、置き換えて生活していました。

ある日「私」は妻から、自分が他の男性と不倫していることを告白され、「私」はあまり問題を感じていなかった妻との関係を失います。このときに「私」は肉親と妻という二人の対象を二重に喪失することになるのです。

妻との生活を離れた「私」は、友人の頼みに応じる形で雨田具彦という日本画家のアトリエ兼住居に滞在することになります。高齢の雨田具彦は、既に記憶を失っていて、あるいはその記憶は「どこかの深い泥の底に沈みっぱなし」になっています。雨田具彦は施設で寝たきりとなっており、そのアトリエ兼住居を維持し管理する人が必要とされていたのです。「私」は近所の絵画教室で講師を務めながら、雨田具彦のアトリエで創作活動をして、みずからの作品を生み出そうとします。

ある日「私」は「みみずく」の羽音に導かれて、屋根裏部屋に上り、そこに雨田具彦が描いた日本画を見つけます。その絵画の題名が《騎士団長殺し》なのでした。モーツァルトのオペラ《ドン・ジョバンニ》の一幕が飛鳥時代の日本に置き換えられており、その絵のなかでは、若い男性が、自分の惚れている女性が目の前にいる状況で、女性の父親「騎士団長」を刃で暗殺している場面が描かれているのです。

物語が進むと、雨田具彦がこの絵を描き、屋根裏部屋に隠さなければならなかった背景に、第二次世界大戦中の日本軍による「南京大虐殺」と、ナチスによる「ア

◆あるいはその記憶は「どこかの深い泥の底に沈みっぱなし」になっていて

◆みみずく

ンシュルム事件」といった虐殺や暴力、それに関わった人間の罪悪感や後ろめたさ、トラウマと喪失があったことが分かっていきます。雨田具彦も二重の喪失を抱えていたのです。

「私」は「鈴の音」に導かれて祠の下にあった「穴」を見つけます。「穴」が開くことによって、いろいろな不思議な出来事が起きるようになります。「私」は「騎士団長」に出会うのです。「穴」が開いて以降、雨田具彦の喪失の物語の背景が明らかになるだけでなく、「私」は、みずからの喪失体験だけでなく、自分が抱えてきた罪や暴力についても夢やイメージとして思い出し、絵を描くことによって向き合うことになります。そして「私」は、自分の作品を生み出せるようになるのです。

創造的な世界に入ることは常に喪失の危険をはらみます。「私」は再度、〈対象〉を失う危機に瀕します。その対象は、容易には行けないところ、手の届かないと

創造的な世界に入ることは常に喪失の危険をはらみます。

ころに隠されてしまうのです。その対象を取り戻すために、「私」は「騎士団長」を殺します。雨田具彦が絵に描いたようにです。刃を突き立てられるとき、騎士団長は「私」にこう言います――『諸君が殺すのはあたしではない。諸君は今ここで邪悪なる父を殺すのだ』と。こうして異界への入口がひらかれるのです。その異界のなかで「私」は「邪悪な父親」の残虐性、暴力性、罪そして哀しみに出会うことになります。

諸君は今ここで邪悪なる父を殺すのだ

邪悪なる父を殺す

この小説では、肉親や対象を失うという問題と、暴力そして性といったテーマが取り扱われています。いろいろな角度から楽しめる小説ですが、本書の文脈からすると、主人公が「騎士団長」を殺すことに、「邪悪なる父親」の死や喪失が象徴的に現れています。

「邪悪なる父親」という対象はオペラのなかでも絵のなかでも、実は死んでいるのですが、その事実は、屋根裏部屋にある絵画のなかに隠されていたり、祠の下の「穴」に隠されていたりします。にもかかわらず、私たちが「みみずく」の羽音や「鈴の音」を聞くことができれば、私たちは対象が喪われていることや、権威対象が失墜していたこと、あるいは対象が象徴的に殺されたこと、対象を自分が殺したことに、気づくことができるのです。

悪い対象を〝イデア〟のなかで殺してはじめて、私たちは「喪失した対象」とイデアを通して出会うことができ、喪失したことを受け入れることができるのかもしれません。

騎士団長を殺すことで「私」の前に異空間への入口が開きますが、その異界は「イザナミ・イザナキ神話」における「根の国」を彷彿とさせます。異界巡りをすることは、喪失した対象に再度出会おうとすることを暗示している。喪失した対象に出会うことは、過去に向き合うことにもなります。しかしそこには〝哀しむこと〟があるとともに、困難な状況における〝希望〟を感じさせます。

村上文学は、小説という方法を通じて、私たちの夢や、記憶の想起にはたらきかけます。村上文学を読んでいるあいだに、読者はいろいろな夢、白昼夢を見ることになるでしょうし、さまざまな過去を思い出すでしょう。そうした意味で、村上文学じたいが「みみずくの羽音」や「穴」、そして「異界への入口を開ける騎士団長殺し」のはたらきをしているのです。

村上文学を読むことによって、普段の生活では感じられないような夢をみたり、記憶が想起したりするなかで、異界巡りが始まる可能性がひらかれます。これは、小説というものに、私たちのイデアやメタファーに変化をもたらす性格があるだけでなく、村上文学が、私たちの意識はもとより、心の構造にはたらきかけることを指向しているからではないでしょうか。本を読むあいだに読者側に生じる記憶の想起や夢をも、読者が並行して読んでいく、味わっていくことが意図されているように思われます。

村上の文学には、自己の価値を失いかけている主人公が出てきます。彼は妻や仕事を喪っていて、大きな空白のなかにいます。そして主人公は井戸に入ったり、ずっと続く坂をくだっていき、異界巡りをするなかで、私たちが意識しえない痛みや暴力性に触れます。そして「私」は気づくのです——私たちがかけがえのないものを失っていること、自分が自己と他者に対して取り返しのつかない罪を負っていることに。

村上の文学は「罪」と「喪失」に際して異界巡りに向かう必然性のようなものを、メタファーによって私たちに伝えていると思います。

北山は、国文学者の橋本との対談において、私たちは男神が御殿の中で女神を見たときに体験した「見畏み✣」に留まり続ける必要がある、と表現しています。[11]そして、「日本人の心の深層には罪悪感があるのではないか」という理解のもと、

自己の価値を失いかけている主人公が出てきます。

✣**見畏み**
見て魂が震えるほどの恐怖を感じること。

日本の終わらない原罪を克服するためには、神話に描かれた原罪に向き合い続ける必要がある、と指摘しています。

日本語で罪悪感を示す「すまない」という言葉は多義的で、この言葉には、「申し訳ない」という謝罪の意と、「終わっていない」という意味があることを思い起こさせます。

◇すまない

組織や社会のダイナミクス

北山によるイザナキ・イザナミ神話の分析と〈神話的思考〉の発想は、近年、国際的に高い注目を集めています。それは「社会的無意識 *social unconscious*」との関連です。社会的無意識という考え方は、英国の精神分析家で集団分析家であるアール・ホッパーと、イスラエル出身の集団分析家であるハイム・ワインバーグによっ

◇社会的無意識

て提唱されています。[14]

集団分析✢というのは、一名か二名のセラピストとメンバーから成る小さいグループで精神分析をすると言ったらよいでしょうか。イギリスの精神分析家であるS・フークスによって創設された臨床で、独特の理論や技法を展開させています。彼はグループがあたかもひとつの主体あるいはパーソナリティかのようにふるまい、そのふるまいが個人の性格構造のように、個人の無意識過程の影響を受けているかのようであることから、グループ全体をひとつの分析対象としてとらえることができると考えました。

そうした考えは、日本でも広く受け入れられるようになったウィルフレッド・ビオンが、精神科医としての初期の仕事であるグループのプロセスに関する研究で見いだしたように、「集団がひとつの有機体としてふるまう」という知見と重なります。

E・ホッパーとH・ワインバーグは、フークスらの考えを拡張し、多くの人が

✢集団分析
本書一八頁も参照。

集団がひとつの有機体としてふるまう

所属するグループである社会や国家、あるいは文化圏も、ひとつのまとまりをもってふるまい、それは無意識的過程の理論を適応して分析することができると考えました。

社会的無意識の考え方は、特定の文化や社会がその集団の全体としてのふるまいや個々の人物の態度を方向づけるような、共有された神話、物語、トラウマあるいは成功体験を蓄積させていて、それを分析することが、その文化や社会の何らかのパターンや反復を理解することにつながる、というものです。この考え方は、組織や社会のダイナミクスを深く知るために応用されています。

「個人の精神分析的臨床で培われた理論から、民族や国家といった集団を扱うことができるのか」という批判があります。事実、私たちが〝日本人〟と言うときには、個人差を無視し、一般化や典型化して曖昧にすることによって、本書のような議論をしているのです。

その文化や社会の何らかのパターンや反復を理解することにつながる

精神分析的理論が「個人」に対する臨床から出発していることは、動かせない事実です。そして、〝日本人〟を語る私のなかにナショナリスティックな「罪の意識」があり、私のナショナリズムにコロニアリズムが織り込まれている可能性を否定できません。

しかし私は、〝日本人〟を論じる必要はまだ続き、つきまとっていくと思います。特に国際的な精神分析の文脈ではなおさらです。なぜなら「個人差」に着目することは、国際的には、集団が抱える暴力性や罪を無視することと不可分だからです。国家が国家として〝哀しむこと〟をせず、罪の意識を捨てれば、地域、企業、家族、個人など、より小さい単位にしわ寄せがきます。国際的には国家が担うべき精神的負担を、より小さい単位が背負うことになるのではないでしょうか。特に、敗戦国や大きな罪やトラウマを抱えた国で生きてきた人たちは、そうかもしれません。

国際的には、集団が抱える暴力性や罪を無視することと不可分だからです。

選ばれたトラウマ／成功

ドイツの精神分析家であるミッチャーリヒは、グループの治療はおこなってはいませんでしたが、特定の社会・集団に所属する成員が共通の心的緊張を抱えているとしたら、その集団は全体として個人のようにふるまい、その集団は無意識的過程が作用し、個人の無意識を理解するように、その集団精神が抱える無意識的過程を理解することができると考えました。

ミッチャーリヒと同様にホッパーやワインバーグは、特定の社会や文化が共通して「トラウマ経験」あるいは「成功体験」や「勝利経験」をすると、それ以降、そのトラウマや成功体験は、その社会や文化によるひとつの全体としてのふるまいに影響を与える、と考えたのです。

バミク・ヴォルカンはこれを「選ばれたトラウマ *chosen trauma*」「選ばれた成功 *chosen victory*」と呼びます[15]。この「選ばれたトラウマ／選ばれた成功」というのは、特定の社会や文化の無意識的なふるまいにも影響しますが、プロパガンダとして

その社会や文化をまとめるために使われる場合もあります。

も使われ、その社会や文化が強い不安を経験しているときに、その社会や文化をまとめるために使われる場合もあります。社会や文化の一員として感じる「アイデンティティ」感覚を高めるためにも使われます。

わかりやすい例でいうと、第二次世界大戦末期に日本で使われた「神風」という言葉です[16]。もともとは、鎌倉時代にチンギス・ハーンのモンゴルの船団が九州を攻め、日本が圧倒されたとき、大風が吹き、一夜にしてモンゴル軍が壊滅して日本側が負けずにすんだ経験に端を発したものです。この「神風」という言葉は、第二次世界大戦後期に何度も使われ、自殺攻撃をおこなう部隊にも冠され、日本社会のまとまりを維持するために使われたと言えます。

大きな物語が使われるとき

ホッパーやワインバーグの社会的無意識という考え方における「神話や物語の影響を受けて社会がひとつのまとまりとしてふるまい、反復的に神話・物語で語られているテーマを繰り返す」という領域を、北山の〈神話的思考〉という視点はとらえているのだと思います。

北山の言う「大きな物語」というのは、鶴の恩返しのように、神話の影響も受け、時代の影響も受けながら、その時代以降の特定の社会・文化の人々に共有されながら集団精神や無意識的過程に影響を与えている物語だと言えます。

私たちは、こうした神話や大きな物語が社会や文化に影響を与えていることを意識する必要があると思います。社会や文化が強い不安や危機にさらされたときに、政府や権力主体がそのような神話や大きな物語を使って、不安や危機を否認したり抑圧したりすること。そして、人々を全体的に動かそうとするときに使う、プロパガンダとして用いるということを、注意しながら考え続けることが求められます。

◆大きな物語

第五章

思い起こすこと、そして哀しみ

戦中世代の女性とのサイコセラピー

ここで、戦中世代のAさんとの六年にわたる精神分析的なサイコセラピーについてお話したいと思います。

私の所属する心理相談の機関に、Aさんの娘さんという方が電話をかけてきます。「自分の母親には不眠の症状があり、気分が落ち込むと言っている。病院にもかかっているのだがあまり改善しない。母が相談に行ってもよいでしょうか?」ということでした。担当者は『ぜひ、いらっしゃってください』と伝えます。

当日の予約の時間になり、八十代の女性Aさんが相談室に見えます。娘を伴って来られるかと思いきや、一緒に来たのはAさんの夫であるBさんでした。予定の時間になり、待合で待つAさんとBさんに、私が近づいていって挨拶をし、私が本日の面接者であることを伝えると、Aさんは杖をついて立ち上がります。

Aさんは暗めの色に花柄の小紋が入ったような服を、幾重にも重ねていました。私と目は合わず、うつむいています。

Aさんが立ち上がるのと同時に、横にいたBさんが立ち上がり、たいへん緊張した面持ちで私に最敬礼をしてくださったのが印象的でした。BさんはAさんが面接室に入るまで、立ったままAさんを見送っていました。

Aさんは『ふらつく』と言いながら杖をついて面接室に入り、部屋を見渡したりもせず、促されるままに席につくなり『あぁ疲れました。ははが亡くなったときにね、あによめがあんなことになるとは思わなかったでしょう？　みのうち来るなって言ったんですよ』と言い、大粒の涙をこぼして話し始めます。

私はあいさつや自己紹介も抜きに出てきた「あに」「あによめ」「はは」「みのうち」といった言葉に驚き『お兄さんですか？　Aさんの？』『あによめさんはそのお兄さんのですか？』と聞き返すのですが、Aさんは私の言っていることが届いているのか分からず、『しきちを半分に分けたでしょう？』とおっしゃって、また次のエピソードが溢れ出てきます。

それは記憶の断片の洪水のようでした。

私の尋ねている内容に答えておられるというより、私が発した言葉の音に反応して次のエピソードが、とめていた堰が切れて出てくるといった感じでした。私は押し寄せる情報に巻き込まれ溺れそうになるような感覚をもちながら、Aさんのお話を聴き続けました。

その日になんとか私が整理できたのは、「Aさんが十年前に立て続けに義理の

それは記憶の断片の洪水のようでした。

母、実家族の父、母を亡くした後に、気分が落ち込むようになった」「精神科で抗うつ剤や睡眠導入剤を処方されたのだが、気分の落ち込みに効かないように思われ、そのときに罹った数人の医者が間違った薬の処方をしたように考えている」「夕方になると、いろいろと昔のことを思い出し、気分が落ち込んで涙が出る」ということでした。

私は、Aさんから溢れるように語られる家族の続柄を表す言葉「あに」「あによめ」「はは」といった続柄が、例えばどなたの「はは」で誰の「あに」で「あによめ」なのか分からず、こちらがそれを確定しようとすると次のエピソードや思い出が溢れ出てくることに、畏れるような感情を感じていました。来週以降も週に一回お会いすることになったときの途方に暮れるような感覚をよく覚えています。

その後、二回目、三回目とお話を聴いていきました。

Aさんの夫のBさんとその兄は、その父親の財産分与で父親の敷地を半分に分け、隣り合わせに家を建てて暮らしているのですが、ほとんど交流がなく、十年前に亡くなったBさんの母親、つまりAさんの義理の母親のことも、結婚の数年後からすぐに自分たちの家に引き取って、何十年もAさんが中心となって世話をしていたとのことでした。

義理の母の体調が悪くなり、入院して数ヵ月ほどで亡くなったときには、それまで面倒を見てきた自分たちの家ではなく、Bさんの兄の家が、遺体を引き取ったそうです。親族や知り合い、近所の方々からお悔やみの言葉をかけられたのはAさんではなく兄嫁でした。兄嫁も、まるで自分が義理の母親の世話をしたかのようにふるまいました。長年Aさんが義理の母親の世話を長年続けてきたにも関わらず、それについてはどこでも言及されなかった、とのことです。奇妙なことに、実際には義理の母親の世話をしてきたAさんやBさんが兄や兄嫁にお悔やみの言葉をかけるという状況もあったそうです。Aさんは、Bさんにその状況を何とかしてもらいたい気持があったのですが、「夫はそういうときに、何も言わない人なのだ」と、憤ります。

AさんとBさんは二人で過去を振り返るということをまったくしてこなかったようです。義理の母親が亡くなったときのことは、数年前に一度だけAさんがBさんに『あのときは疲れたわね』と言ったときに『あぁ、あれは疲れた』という言葉を交わしただけだったそうです。

私は、Aさんが立て続けに喪失体験をしたこと、家族とくに夫婦のなかで気持を話すことがほとんど無かったことによって、Aさんはメランコリー状態になっており、抑うつ的な感情や不眠が生じていると考え、週一回のサイコセラピーを正式に契約したのでした。

Aさんの話から断片的に捉えられる、家族の属性や事物を表す言葉を、何度も聞き返しながら、組み合わせて返していく作業は、広大な砂丘の端で、風に押されて流されてくる木片をつかみ、ありあわせの道具で断片を組み合わせて、急造の掘っ立て小屋を作るような感覚でした。

一つひとつのエピソードは断片のように語られ、そのたびに関係者に対する「怒り」や「恨み」がほとばしり、新たな断片的なエピソードが話されるのです。私はこの断片的な記憶の波に完全に圧倒されていました。

この数回の面接のあいだに、AさんがBさんとどのように結婚したのか、尋ねたのですが、『ちちが○○に住んでいたときに会ったんでしょ』というお答えがあるだけで、詳しくは語られなかったのです。


次の回の冒頭、Aさんは『言葉でうまく言えませんので、読んでください』と、私に封筒を差し出します。中には丁寧な字で、次のことが書いてありました――「あまり昔のことを思い出させないでください。十年前に近親者が続けて亡くなりました。昔のことはあまりよく覚えていません。思いだそうとすると気分が悪くなります。お願いします」と。

もうひとつ封筒に入っていたのが、写真でした——『これは私が六十代のときです。こんなに元気だったんですよ』。そこにはAさんと思われる方が笑顔を作って写っていました。それは品のある、意志の強そうな、高齢期に入ってはいるが引き続き人生を楽しもうとしている女性でした。

封筒に手紙を入れながら、私はAさんに『このお手紙を書いていただくだけでも、おつらかったかもしれませんね、お気持を伝えてくださり、ありがとうございました』と伝えます。

そして、この写真は、Aさんが女学校時代の友人と旅行に行ったときの写真であることを話してもらった後に、私が写真を返そうとすると、Aさんは『持っておいてください』とおっしゃるのです。後にも先にも、クライエントの昔の写真を持っていることになることはありませんでした。

私はここで、Aさんは意識的にか、無意識的にか、「セラピーによって六十代の状態にまで回復したい」という願望や意気込みがあることを感じ、私に写真を渡すことで念押しをされているように感じました。改めて、自分は大変なセラピーをすることになったと思ったのです。

そして、お手紙を受けて私は、自分が急ぎすぎていることを自覚し、さまざまな〝喪失〟に関わることについては自分から引っ張り出そうとすることは控え、Aさんが自然に話したくなるのを待とうと感じたのでした。

◇想起

しかしながらAさんは、毎週のセッションで「過去」のことを話し続けます。Aさんのお話は、現在、共に暮らしている娘夫婦や、孫の心配から始まるのですが、突如として兄嫁や義理の母親の話になったり、戦中や戦前の出来事が断片的に浮上したりすることもありました。そのたびに私は、Aさんが現在について話しているのか、あるいは過去について話しているのか見失い、分からなくなるのです。そしてAさんは、戦中の出来事については、ご自分で話し始めたとしても『嫌な気持になるでしょ』と言って、詳細を話すのをやめてしまうのでした。

サイコセラピーの作業では、複数の時間軸が流れていると言えます。仮にシンプルに表現するとすれば、今ここに存在するクライエントとセラピストが共に在る時間、クライエントさんが話題にしているエピソードが起きた時間、そして、ずっと止まったままになっている、大きな感情やトラウマ的な傷つきをともなう出来事が起きた時間です。

私はよく、サイコセラピーはタイムマシンのようだと思います。サイコセラピーでは、こういった複数の時間軸が思いだされることや、想起の過程によって、時間軸間の移動や跳躍が起きるのです。

想起が起きているときには、クライエントは本当にその出来事が起きた時に戻っているかのように経験します。そういったときにまず治療者は「今この方はいつの話をしているのだろう」と分からなくなる感じになります。そのような混乱が起きて初めて、クライエントが時間軸を跳躍したことに気づくのです。

　面接の初期、私は押し寄せる記憶の断片に圧倒され、もみくちゃになり、手当たり次第に耳がとらえた言葉をつかみ、組み合わせてなにかの形のようにして返すということを続けていましたが、時制が混乱するときには、Aさんに「想起＝思いだすこと」が起きているのだと知ってからは、私は記憶の断片の波に呑まれながらも、そこで無理して質問をして、記憶の波に流されないようにするのではなく、ある程度、記憶の断片の波に流されて、Aさんが流れていきたい方向に流されながらもそのエピソードの詳細をAさんが話せるように、私は質問をしていくようになりました。

　思えば、お手紙をいただいたときに「無理に思いださせないでください」と書いてあったのは、面接当初の私の、自分が圧倒され巻き込まれているときに、無理に自分の立ち位置を確保しようとして、Aさんの流れを止めてしまったことに対する異議だったのかもしれません。Aさんが時制を超えた記憶の断片の波に襲われているなかで、私が自分の知りたいことを取り上げて聴くことによって、Aさんにとっては、ご自分の立つ時間軸と私が質問している時間軸が重ならないように感じられたのかもしれません。

Aさんは、戦後の動乱のなかで嫁ぎ先の家族関係が大変だったことを嘆いて、夫に対して、自分たち家族の問題で何もしなかったと、夫のBさんをなじり続けることが、実生活で続きます。

次第に怒りは治療者に向かうようになり、Aさんは私からの関心を感じられないと、『いま体調が悪くなった』『今日はめまいがする』と言うようになります。私はそれに対して、自分の介入のどこにズレや怒りを感じたのか、探索するような介入をしていきます。

そして、Aさんはずっと「嫌な気持になるから話したくない」と言っていた戦前から戦中の話をしてくださるようになったのです。

それは『昼寝をしたくないんです。でも疲れるから寝てしまうでしょう？　だから嫌なんです』という言葉から始まりました。私は『もしよろしければ、何を思いだしておられるか、お聞かせ願えますか？』と尋ねます。この介入がよかったというよりも、それまでに数年にわたって、嫁ぎ先の人間関係について何度も何度も話す時間を重ねてきたことが、Aさんの話したいという気持につながったように思えます。

そこから、数年にわたる、戦前から戦中そして終戦に関するエピソードの波が始まったのです。

Aさんは首都圏の中流以上の家庭に生まれます。

父親は化学工業の工場長を務めていて、安定した暮らしをしていました。裕福な家庭が集まる地域で、Aさんはすくすくと育ちます。真面目な児童だったAさんは、父親のコネもあって東京の一流の女学校への入学を果たします。女学校にAさんが入学できたことは、一族の誉れでした。Aさんは女学校になじみ、気の合う友人ができ、幸せな日々を過ごしていました。

しかし、女学校の二年目の一九四一年に、日本は真珠湾を攻撃し米国に宣戦を布告します。すぐに戦況は一方的なものとなり、米国による東京への無差別空襲が激しくなります。物資不足で父親の事業が立ちいかなくなり、一家は疎開も兼ねて東北地方の父親の故郷に身を寄せねばならず、家族としても、自身としても大きな転落を味わいました。

戦前から実業家であった父親は職を失い、Aさんは一流の女学校の生徒であることで約束されていたキャリアや人生を諦めて、疎開先の女学校に転校することになります。このときに彼女は、キャリアを喪っただけでなく、父親の権威を喪ったのですが、それに関する気持を聞いても『嫌でした』としかおっしゃいませんでした。

疎開中にAさんは多くの若い男性の親戚を、南方での戦線で亡くします。最初は『〇〇のお兄さんが南方でなくなったでしょう?』『南方のどちらですか?』『言いたくありません、嫌です』というやりとりでしたが、数年にわたり何度もこの話は浮上します。私が詳細を聞くと、『話したくない』とおっしゃり、私が『思いだすけど、話したくないのですよね』と答える、というやりとりが重ねられていました。

◇言葉にし得ない体験

第一章で述べたように、喪失を取り扱っていくときには、喪失に関するどうしても言葉にできない部分や、語り難い体験、言葉にし得ない体験が複合的に詰まっています。この「再体験」が起きているときにこそ、ひとつの部屋で共に存在する精神分析やサイコセラピーの意味があります。

◇再体験

なぜなら、たとえクライエントや患者がそのときに「再体験」していることを言葉にできなくても、治療者がその人と在ることができるからです。サイコセラピーの場において治療者は、クライエント・患者が再体験していることに関心をもち、「自分はあなたの体験に関心をもっている」ことを示すことができます。この場合に治療者の仕事として求められるのは、クライエントが分かりやすく伝わるような言葉で話すことではなく、クライエントが再体験によって圧倒されそうになるその最中に、「その体験に関心をもつ人間が存在する」ことを伝えることです。[1]

「自分はあなたの体験に関心をもっている」ことを示す

いつしか、親戚のお兄さんが出征したときの様子を話してくださいました。

その日は、列車の発車時間の関係で、列車に乗る時間が夜になるということでした。Aさんは見送りのために家族と一緒に駅に向かいました。もちろん統制下ですから街灯はついていません。真っ暗な路をAさんは、提灯を手にして、小さいきょうだいたちを連れて先頭を歩いていました。駅に近づくにつれて、同じような列に出会います。提灯の先には苗字や屋号が墨で大きく書いてあるので、それによってどこの家族なのか分かるのです。向こうから提灯が近づいてきて、『あぁ、○○さんのところのAちゃんか』と声がかかります。駅につくと何本も幟が立っていて、大勢の人が集まっていました。自分も万歳三唱をしたと言います。列車が出発するとき、『お兄さんのお母さまが泣いていましたよ。哀しかったろうってね、思います』とも……。

終戦前、Aさんたちの家族は、そのお兄さんが南方に輸送される途中で、敵の魚雷の攻撃を受けて船が撃沈されて亡くなったことを知ります。

セラピーで数ヵ月が経ち、その親戚のお兄さんは出征する前に婚約していたことを教えてくれます――『うちの墓参りにいくとね、そのお兄さんのお墓も近くにあるでしょ。そこに女性がいてお花をあげてましたよ。あぁ、この方だったんだって。綺麗な方でしたよ』と。

私はAさんによって、東北の抱える日本の「内戦」のトラウマについても知ることになります。それは戊辰戦争のトラウマです。

Aさんの父方の祖父は、戊辰戦争のとき五歳でした。皇軍が城下町近くまで侵攻してきたとき、人民はお城の中に逃げ込みました。幼いおじい様も家族と共にお城に避難するはずだったのですが、おじい様は家族とはぐれてしまったのです。彼は一人で人が居なくなった城下町をさまよいました――『皇軍の騎馬が走ってきたときには隠れたそうですよ』。しかし決まって、お祖父さんの昔語りはそこで止まったとおっしゃいます――『怖かったと思うんですけどね、それ以上はいつも黙っていましたよ』。

東北の藩の城下町には、明治政府やその母体となる勢力に征服された記憶がこのように受け継がれているのです。首都圏の政府による地方の征圧・抑圧という構造は、日清・日露戦争でその地域の出身の兵士が積極的に前線に送られて、多くの男性が死傷していったことでも繰り返されました。そういった兵士は、故郷が中央政府に服従していることを示すために、より勇猛さを示さなければならなかったと聞きます。

戦後にも、戊辰戦争で皇軍と戦った地域に多くの原発が作られました。そしてリスクの高い原発によって作られた電力が首都圏に送られることで、戊辰戦争からの首都圏と東北地方の関係は維持され、東日本大震災以降にも、それは継続している面があるかもしれません。

首都圏に対する東北地方の怒りや恨みは、Aさんが疎開のため東京の女学校から父親の故郷の町にある女学校に編入するときにも感じられます。それは、もともとは地域の士族の女子が通う女学校でした。その女学校への編入が決まり、初めて登校した日の集会で、全校生徒の前で校長がこう言ったのを聞きます――『この伝統あるわが校に東京の生徒を受け入れなければならないのは、大変残念です』と。

首都圏の政府が地方を征圧・抑圧した記憶

こうしたかたちで首都圏の政府が地方を征圧・抑圧した記憶は、疎開時に東京育ちのAさんたち疎開生徒を虐げることに現れていたと思われます。Aさんは結局は東京の女学校より長くその女学校に在籍することになるのですが、東京の女学校の方が好きだったといいます。

このように、「日本人」をめぐる問題は、国際関係だけでなく、日本のなかでも起きています。福島を含む戊辰戦争の敗戦地域だけでなく、沖縄、アイヌ、あるいは在日の問題です[2]。沖縄、福島、あるいは在日の人々が「日本人」を語る際には、首都といった中心地帯や、より強い力を行使している地域・職業の人々との関係のあいだで制服・抑圧の歴史を背景にして「日本人」は語られるのではないでしょうか。

一九四五年、日本は戦争に負けますが、Aさんは昭和天皇が降伏を伝える玉音放送を聞いたとき、「何も感じなかった」と述べています。

敗戦後、米軍が日本に進攻し、大量の米軍爆撃機が飛来してきます。威嚇《いかく》という意味もあったと思いますが、米軍の爆撃機がAさんの住む街の上空を低空飛行しました。そのときAさんは、いかなる恐怖感情や不安も湧かなかったと言います。ごうごうという音をあげながら、家屋すれすれを飛ぶ何十機もの米軍機を見上げながら「ああ、近々私は死ぬんだ」と感じたということでした。思考と感情の断裂、あるいは感情の硬直化が起きていたと思われます。

数年にわたる戦前から戦中の記憶を思い出すとともに、Aさんは次第に、治療者の私について言及するようになり、私が結婚して子どもがいるという前提で、私に対してジョークを言うようになります。待合に座っている姿も明るくなります。毎週欠かさずついて来られている夫のBさんの表情も、当初は固く沈痛を示すものでしたが、だんだんと朗らかになっていきます。そしてAさんが時間になって面接室に向かっているときにBさんが私にしてくださる最敬礼にも、温かいものや、感謝の気持が感じられるようになります。まだ睡眠導入剤は引き続き服用していましたが、Aさんの抑うつ感情はかなりよくなり、抗うつ剤を抜いてもよいという医師の判断をもらうほどまでになりました。

正月休み明けの初回、Aさんは突然ニコニコとしながらこう始めました――『先生、わたしは一度、結婚に失敗しているんです。もう恥ずかしくって……』――五年にわたるセラピーで初めて聞く話でした。

戦後、疎開先の女学校の卒業の時期が近づくと、級友に縁談の話が舞い込みはじめます。つぎつぎと、友人が学校を退学したり、婚約の話がまとまっていきます。Aさんにも話が来ていたらしいのですが、『母が欲を出して、断ってたらしいんです』。

しかし、ついにAさんの縁談の話がまとまりかけます。相手は市内にある料亭の跡取り息子でした。母もやっと相手の家柄に納得したのです。知らない相手ではなかったですし、ようやく自分の縁談の話が成立することに安堵し、「あぁ、結婚するんだな」と思っていたと言います。

しかし、婚約を目前にしたときに、相手の男が失踪します。実は相手の男は他に女性を作っており、その女性と消えてしまったのです。Aさんの母が断り続け選び続けたうえでの縁談で、相手の家には文句はなかったようなのですが、相手の男は真面目な人ではなかったのです。Aさんの婚約の話は破談になりました。

当時、ほとんどの女学校の卒業生が結婚していた時代です。そして城下町といえども、互いに家の状況をかなり把握しあっていました。そういった環境で婚約が破談となり、相手の男が失踪したというのは、大きな「恥」だったと思います。親が選んだ縁談であるのに、Aさんは相手と話もしていないのに、この一件でAさんは地域のキズモノになってしまったのです。さぞ悔しかっただろうと思います。

私とのセラピーでは、それまであまり語られてこなかった、実の父母に対する負の感情が話されるようになります。母親に対しては「どうしてそれまでに来ていた縁談を受け入れてくれなかったのだ」「相手方の家族の様子ばかり気にして、肝心の男をちゃんと見定めてくれなかった」と憤ります。父に対しても、仕事で家を空けていて、必要な時に母に助言してくれなかったし、自分を守ってくれなかった、という恨みを語るのです。

それ以降、地域で生きていくことが恥ずかしかったと何度もおっしゃいました。

戦後になってかなり経ってからも、父親の仕事は低迷していたため、父親は東京に単身赴任していましたが、彼女は東京に戻ることができませんでした。Aさんが短期間、父親の東京での居住に滞在していた際に、その近所の方の紹介で今の夫と出会い、当時にしてはかなり遅い結婚をすることになります。Aさんは二十年近くを経て、生まれた東京に戻ってきました。

三十代を目前にした結婚でしたが、新居というものはなく、夫の実家が消失した後の空き地にブリキの板で掘っ立て小屋を建て、六畳ほどの室内の中に、早く夫を亡くした義母と兄夫婦と、同居するような状態だったと言います。

戦後の高度経済成長を彼女は義母の世話と家事に邁進することで費やします。夫婦には結婚三年目に娘が生まれますが、Aさんの戦中から戦後に起きた感情の硬直化は、結婚や子育てでも癒されなかったのです。そのかわり彼女は、嫁ぐときに母親から言われた「向こうのお母さん大切にしろよ」という言いつけを守り、義母をはじめとする家族の世話に注力したのです。

Aさんは娘に対して、確かな情緒的な結びつきを感じることができなかったと言います。「可愛いと思えなかった」と。そして娘に対して、十分な愛情をかけてあげられなかったと、初めて娘について語りながら哀しい顔をなさいました。Aさんは温たく情緒的な母親でいられるはずだった自分を喪失していたのです。

戦後すぐに彼女が、義母の世話と家事に集中したのは躁的防衛である部分があり、戦争で失ったものを否認したと言えるかもしれません。彼女は戦後七十年近く経つまで、〝喪の作業〟をすることができなかったのです。

Aさんは、娘さんに対して直接申し訳なさを表明することは決してありませんでしたが、娘の選んだ結婚相手が一流の技術者であり、自分や夫に対してずっと温かく接してくれていることに、感謝の言葉を口にするようになりました。Aさんは娘の結婚相手を認め直すことによって、ご自身の最初の縁談における傷つきや、恥ずかしさ、くやしさを認めることができたのかもしれません。

Aさんの表情は当初は非常にきついものでしたが、六年経った頃には穏やかな表情で娘さんとその配偶者についてお話されるようになりました。

思えば、Aさんが私のところに来られるように連絡してくれたのも、娘さんでした。

第六章

加害と被害、両方を生きる

批判的思考にむけて

私たちは傷つきながらも、他者を傷つけている——

私たちは、自我の許容できる強度を超える衝撃に出会うと、男神のイザナキのように、それを恐れ、「恐ろしいものを見させられた」「攻撃を受けた」として、みずからを被害者化します。

しかしイザナミ・イザナキ神話が示しているように、女神のイザナミを取り戻したいという想いはあれど、見るなの禁止を破り、宮殿のなかを覗き見してしまったのは、イザナキです。私たちはみずからの「罪悪感」を容易に相手に投影し、相手を恐ろしいものにし、異類にし、鶴にする。そして自分を被害者化し、それに沿った物語を作り出します。

私たちのなかの加害と被害

イザナキや与へいが結局、十分に自分の愛した人・対象を喪失したことを受け入れられなかったように、私たちが被害の物語に留まっていると〝喪の作業〟は起きません。

彼らはみずからを被害者化しているわけですが、彼らが「覗きたい」「見たい」「会いたい」と思って侵入 *invasion* を意志した点において、侵害した加害者でもあります。また彼らは、侵入する際に、何かを欲求し、充足を得ようとしています。

イザナミ・イザナキ神話も示すように、私たちは被害者であると同時に加害者であり、私たちの「罪悪感」は強く抑圧されていて、経験することは非常に難しいものです。それゆえに私たちは容易に、相手に罪悪感を投影して、相手を加害者化し、自分を被害者化するのです。

相手を加害者化し、自分を被害者化する

しかし、加害も被害も私たちのなかにあります。AさんとCさんのふたつのケースを通して私が学んだのは、このことでした――私たちのなかには攻撃性・暴力性があり、これに触れるまでには多くの隠蔽や抑圧を理解していく作業が必要である、ということ。みずからの暴力性・攻撃性に気づいてようやく〝喪の作業〟が始まるのではないか、と私は考えています。

両方を生きる場

◇歴史主体論争

戦争経験について考えたときに、人文科学の領域で九〇年代におこなわれた加藤典洋氏と高橋哲哉氏の「歴史主体論争」が挙げられます。これは、日本人が戦後社会において責任ある主体をもつためには、加害者としての自分から出発すべきか、被害を受けた主体という地点から始めるべきか、というものでした。

非常に重要な論争だったと思います。私たち精神分析的な臨床家の観点からすると、ここまで述べてきたように、①罪悪感というものは強く抑圧されているため、到達し得ない。だからこそ、ずっと作業し続ける必要があるということ。②加害の経験は容易に被害の経験へと入れ替わるということ、③被害の経験を十分に語らないと、加害者としての自己認識は立ち現れてこないということ。この三点を意識しておきたいと感じます。

おそらく〝喪の作業〟に関わる臨床家がこの論争に貢献できるとするなら、出発点も大事ではありますが、加害と被害の両方を渡っていく作業、加害と被害の両方を見つめる運動を続けることが必要であり、それが喪の作業になっていく、という発展を意識したいと考えます。運動の発想であり、プロセスや発達の観点です。

◇三角関係化

両極にかかった橋を渡る

北山修はこうした物事の両極をおいてそこを渡っていく自我を想定して「三角関係化」と称しています。[1]

この両価的な状況を考えてみましょう。自我というのは、最初は依存的で無力な状態で始まります、被害者としての自分、あるいは加害者としての自分のどちらかに偏ります。「わたし」が成長して、自分の内面の葛藤を抱えた部分と部分を橋を渡してつなげる機能を果たすものとしてイメージでき、被害者としての自己と加害者としての自己が〈私〉によって生かされ総合されて「自分」という相対が確立されていく。被害者としての自分と加害者との自分そして〈私〉この三角関係で生じる矛盾・葛藤を生きていくことが、継続する課題となります。

この三角関係化が、北山が作詞した《戦争を知らない子供たち'83》で、「私たちは被害者の子供で、加害者の子供なんだね」と歌われているのだと思います。[2]

私たちには「加害と被害の両極のあいだを生きていく」ことが求められていま

す。加害者の自己意識だけに偏ると強迫神経症になる可能性があるし、被害者の自己認識だけに偏るとヒステリーになりかねません。精神分析的な臨床家が提供できるのは、この「加害と被害のあいだ」を生きていく場を提供することなのではないでしょうか。「被害者としての自分」「加害者としての自分」、自分が両方であることを認識し続けること、それを渡っていくときに生じる感情が〝恥〟なのかもしれません。

「私たちは 被害者の子供で 加害者の子供なんだね 私たちも殺されたけど私たちも殺したのですね」――私たちは被害者でもあり、加害者でもある。この両極性・両価性のなかを、私たちがどう生きていくのか、それが問われているのではないかと感じます。

私たちにとっては、加害者である自分を語ることも、被害者である自分を語ることも、難しい。そうであるならば、その両方を認めるのがいかに難しいのか、

両方を認める難しさについて、ずっと話し続ける

それを自覚することの難しさについて、話し続ける必要があるのではないでしょうか。

喪失の否認と躁的な防衛

米国の精神分析家、ハロルド・サールズは、「思いだす作業は、本来は両価性のあるものであるものの、否定的な側面が復讐空想と結びついたときに、その復讐空想は無意識的に人間関係のなかで固定してしまい、哀しむことや喪の作業が難しくなる」というように指摘しています。[3] 失った対象に対する罪責感が、対象が両価的であることを認識する目をくもらせて、〝哀しむこと〟を難しくさせるのです。

戦前から戦後の昭和天皇の人間宣言にかけて「天皇」に向けられていたエネルギー（リビドー）は、戦後の高度経済成長による「成果」や「お金」に置き換えられます。

〈対象〉に向かっていたものが、数字といった無機的なものへと置き換わる。これは倒錯（フェティシズム）と呼ばれるものです。本来なら人に向けられるべきエネルギー（リビドー）が、人でないものに向かう病理が社会的に続いていると言えるかもしれません。

うやむやになる喪失

日本は社会全体に影響を与える損失があっても、〝喪の作業〟に取り組むのではなく、むしろ復興に焦点があたり、そこには「喪失の否認」と「躁的な防衛」の両面があります。

これは二〇一一年の東日本大震災でも繰り返されました。約一万五千人の命を奪った震災後、政府も人心も復興事業に巨額の資金を費やし、失われた命とその遺族のための〝喪の作業〟のために資源を投じたとは言えません。

そのような大義が謳われていた二〇二〇～二〇二一年の東京オリンピックにおいても、結局は、東日本大震災による「喪失」はうやむやになりました。〝喪の作業〟が不十分であることは、遺族をはじめとする東日本に住む人たちの精神構造に「罪悪感」を残したと言えるでしょう。それが、東北地方で多くの生存者が「幽霊を見る」という現象にあらわれたのではないかと思います。[4]

◇躁的な防衛

〝喪の作業〟の軽視は、コロナ禍でも繰り返されています。日本では二〇二一年八月、COVID-19のデルタ株による第五波による過去最大の感染者と死者を記録している最中に、東京オリンピックが開催されました。最大の医療危機に瀕しているなか、多くのスタッフや選手が集まるスポーツの祭典が開催されたのです。ここに「喪失の否認」と「躁的な防衛」に走る傾向は頂点に達しました。

そもそも東京オリンピックは、東日本大震災からの復興を大義とした祭典でしたが、それも無かったことになりました。そして、祭典という躁的な否認の機能だけが残ったと言えます。ここに、喪失を〝哀しむ〟ことが軽視され、否認すること、過去をただ忘れること、うやむやにして躁的になることの方が重視される、というパターンが反復しています。

数字にあらわれない作業

一方で、日本社会のこのような「躁的な防衛」に乗ることができない個人は、ますます孤立しているのではないでしょうか。

オリンピックにおいては、多くの記録や新しい数字が更新されます。ここにも、戦後の高度経済成長で見られたような「喪失の否認」とリビドーの数字への置き換えや倒錯の反復を見ることができます。その裏側で、COVID-19による死者や感染者数という負の記録・負の数字も過去最高を記録したのは皮肉だと言いたくなりますが、日本社会の集団精神による人災であり、集団的な反復強迫である側面を忘れてはなりません。

経済復興というかたちでの躁的防衛は、現代の「新自由主義」や「エビデンス主義」とうまくかみ合うのだと思います。新自由主義は、〝哀しむこと〟ができないことと、復興による躁的な防衛を、思想的、制度的に支えているように見えます。また実証主義は、主観的経験と客観的経験とのあいだに分断を生み出します。それだけでなく、特にエビデンス主義においては、数字で示される「客観的」なデータに対して、グロテスクなほどにエネルギー（リビドー）が備給されるのです。

こうして、〝哀しむ〟という質的な作業は、時間がかかり、目に見えない、数字に表れないため、社会的に無視され続けています。〝哀しむこと〟ができないことは、Aさんの事例で報告したように、メランコリーの爆発として数十年後に現れることになりかねません。

時間がかかり、目に見えない、質的な作業

哀しむことを取り戻す

注意しなければならないのは、躁的防衛は戦争のかたちをとるということです。日本が侵略戦争を開始した一九三一年の満州事変の八年前に、日本は約一〇万千人の犠牲者を出した関東大震災を経験したことを、心に留めたいと思います。

私たちは心の奥深くには〝哀しみ〟を抱えている可能性がある。しかし心理的に圧倒されたときに、私たちは仮想の敵をみずからの外側すなわち他者に設定し、その仮想敵を暴力と武力で圧倒しようとすることで、自分の無力感を克服しようとします。しかし、内的に抑圧されていることや圧倒されていることを、暴力や武力で外的に解消しようとするのは、無意味ですし、原因がそもそも自己の内側にあるがために、不毛です。

こうした状況で〝哀しむこと〟は、次の戦争を防ぐための心理的な作業になるのではないかと思います。私たちは〝哀しむこと〟を取り戻す必要があるのではないでしょうか。精神分析的な作業である〝喪の作業〟は、それを実践的にも理

躁的防衛は戦争のかたちをとる

仮想敵を暴力と武力で圧倒しようとすることで、自分の無力感を克服しようとします。

論的にも助けるものです。

個と社会のクリエイティビティ

英国の精神分析家であるヘンリー・ローウェンフェルドは、ミッチャーリヒへの手紙のなかで〝哀しむこと〟が阻害されることによって、個人は精神的成長や対人関係、そして自発性や創造性を奪われることになると述べています。[6]

くわえてH・ローウェンフェルドは、個人的体験が集合する大集団や組織、社会の場合、集団が織りなす個人の生活社会的条件やパーソナリティの多様性が加わるため、大きな集団で〝喪の作業〟が障害されることは、集団としての成長、他集団との交流、そして集団内における内発性やクリエイティビティの困難さが、個人よりも増大すると指摘しています。

精神的成長や対人関係、そして自発性や創造性を奪われる

批判的な思考の回復

Aさんがセラピーによって示してくださったように、恥や怒りをもたらした現実や過去をAさんが認識する歩みはゆっくりであり、長い時間をかけて想起（思いだすこと）を重ねていくことが必要です。この一歩一歩、認識することを、S・フロイトは〈想起・反復・徹底操作〉と名づけました。[7]

Aさんの事例に描かれているように、一度だけ過去を思い出すことが起きたとしても、すぐにそれは、別の記憶や、忘れることによって、覆い隠され、断片化されていきます。

それ故に、ミッチャーリッヒらは、〝哀しむこと〟には、哀しむ人の内的なプロセスに関心をもつ他者の存在が必要であり、その他者が哀しむ人の内的なプロセスで起きていることの理解を伝えてもらうことが助けになると言います。そうすることで哀しむ人は、ミッチャーリッヒが重視する〈批判的思考能力〉[7]を取り戻すことができるのです。

哀しむ人の内的なプロセスに関心をもつ専門家の存在や、その専門家の解釈や理解といった関わりによって、哀しむ人は、現実や過去を認識することに伴う痛みを避けるために心がおこなう忘却や否認、投影といった防衛のはたらきを克服し、現実を一歩一歩認識し続け、その結果、まとまった記憶を回復させることができるのです。

哀しむ人の内的なプロセスに関心をもつ他者

思考の自由にむけて

◇思考の自由

〈批判的思考能力〉は「思考の自由」と結びついているために、〝哀しむこと〟が阻害されるときには、みずからの「思考の自由」そして他者の「思考の自由」を、認めがたくなるのです。この批判的思考の脆弱性がドイツ市民の精神構造の弱点だと、ミッチャーリヒらは言います。それは日本でも同じでしょう。だからこそ私たちは、個人と集団・社会における「思考の自由」を常に維持しようとし、積極的に「思考の自由」を支持しサポートする必要があるのです。

ですからミッチャーリヒらは、〈想起・反復・徹底操作〉という精神分析的臨床でおこなわれてきた作業は、個人だけでなく、大集団や組織、そして社会全体で取り組むべきだと説きます。フロイトの心理経済論に拠る彼らは、社会がメランコリー状態にあることによる苦しみが、否認や忘却することによって得られる利益よりも大きくなって初めて、社会は「意識の検閲」の扉を緩め、思考の自由を広げることができる、と考えられます。

日本が他のアジア・太平洋諸国との国際交流に積極的だったときには、今よりも「意識の検閲」の扉を緩めること（思考の自由）が許容されていたかもしれません。アジア・太平洋の地域の交流を深めていくことによって、否認や忘却によって得られる利益よりも、メランコリー状態でいることの苦しみが上回る状況が形成されていくのかもしれません。アジア・太平洋地域の交流を深めていくことは、私たちの否認や忘却といった意識の検閲を緩め、喪の作業の必要性を意識し、多くの人の死を認識することにつながっていくと思います。

このように考えると、〝哀しむこと〟によって、個人だけでなく大きな集団にも成長が起きることが期待できます。私たちが対象を喪失したことによって、現実が決定的に変化してしまった――そのことを受け入れるのが〝喪の作業〟なのです。

Aさんにとって〝喪の作業〟は、幸せであるはずだった青春時代や結婚生活を奪われたという立ち位置から、「夫との関係はそれほど悪くはなかった、そうかもしれない」ということを苦味を伴いながら受け入れていく過程だったのだと思います。逆に、理想化された実父母との関係を見直し、「父母への怒りや恨み」を認めていく作業でもあったと思います。

◇両価的な認識

現実や過去に堪える力を得る

〝喪の作業〟によって、対象との関係は、偏った認識から両価的な認識すなわち良くも悪くもあるということへと移行していきます。そして喪の作業の最後に、「哀しむ能力」とともに、「現実や過去に堪える力」が得られるのだとミッチャーリヒらは言います。

精神分析的な戦後

ところで、ここにもうひとつの疑問が出てきます。

この《哀しむことができない》というテーマをめぐるプロジェクトを進めるにあたって、私の心にずっとあった問いは、「なぜ日本においては、ドイツとは異なり、精神分析的な臨床家は、戦争や戦後についてあまり語らないできたのか？」ということでした。

思春期や青年期のエディプスコンプレックスの発達について博士論文を書いていた私は、大学に務めはじめて、現代における大学や高等教育の意味について考えるようになり、戦中のトラウマの世代間伝達に関する研究を二〇一七年に発表し、そこから、現代の社会や組織が抱える問題について考えることが増えるようになりました。

Ａさんの事例で示したように、トラウマや喪失の臨床をするうえで、その背景となる社会や組織の問題を考えることは不可避だからです。

トラウマや喪失の臨床をするうえで、その背景となる社会や組織の問題を考えることは不可避だからです。

精神分析家の北山修は、精神分析の膨大な量と質の実践と研究を世に問うなかで、自身が言うようにある種「どさくさに紛れて」、戦後の問題に深く取り組んでいました。一連の現代精神分析研究会での北山の仕事は、北山理論の根幹をなす「見るなの禁止」といった理論や、彼の作詞家としての仕事の背景をなす思想と、日本の戦後の問題を、精神分析的に束ねていく作業だと考えられるでしょう。

また、精神分析家の奥寺崇は、二〇一一年の精神分析的精神医学会で「戦争体験のゆくえ――複雑性ＰＴＳＤの症例から」という発表をしています。小児科医である渡辺久子は、日本乳幼児精神衛生学会で、沖縄戦をはじめとする戦争のトラウマの世代間伝達の問題について、国際的な議論を進めてきました。フェレンツィの翻訳に取り組んできた森茂起は、中国系オーストラリア人の精神科医であるオイゲン・コウとともに、日本における第二次世界大戦の長期的影響に関する学際シンポジウムによって議論を続けています。

精神分析的の「負の歴史」

私は北山の『心の消化と排出』[8]を通してジェフリー・ゴーラーに出会い、福井七子氏の研究[9]を読むなかで、大きな衝撃を受けます。そこにあったのは、エリクソンや、キュービーなど、よく知った精神分析家たちが、太平洋問題調査会に参加し、対日プロパガンダ政策や対日戦勝利後の対日政策について議論している姿でした。

第三章で述べたように米軍の対日プロパガンダ政策の立案や議論の中心となっていたのが戦時情報局と太平洋問題調査会でした。真珠湾攻撃後、米国の太平洋問題調査会は米国政策の極東政策に協力し、政府機関に積極的に参与するようになります。[10]

太平洋戦争の末期の一九四四年十二月十六日・十七日の二日間に、太平洋問題調査会の会議がニューヨークで開かれます。四〇名以上の参加者の内訳は、対日政策に携わる米国政府の専門家、日本に関する有識者、そしてここに、文化人類学者のマーガレット・ミードや、ルース・ベネディクト、ジェフリー・ゴーラーといった文化人類学者、社会学者といった研究者だけでなく、次のような精神分析家が参加していたのです。ローレンス・キュービー、エルンスト・クリス、バートラム・レヴィン、トーマス・フレンチ、そしてエリック・エリクソン。

これらの精神分析家たちは、日本でも翻訳書が出版されており、いまでも日本の精神医学や臨床心理学に影響を及ぼしています。なかでも特にE・エリクソンは、そのアイデンティティ理論は批判も受けながら、精神医学や臨床心理学だけでなく、文科学・社会学全体にわたって強い影響を及ぼしています。L・キュービーは、戦後の日本の精神分析の発展を牽引した土居健郎に強い影響を与えていて、土居はキュービーの書籍を翻訳しています。

こういった米国の精神分析家たちが太平洋調査会に関わり、日本に対するプロパガンダ政策に協力していたのでした。

彼らの太平洋問題研究会での議論を受けて、ゴーラーやベネディクトは、米軍の戦時情報局に提言しました。戦争末期の米軍および連合国軍の対日プロパガンダや占領期の政策に、精神分析的理解がふんだんに使用されていたという事実です。

ここに、あまりに精神分析的な戦後が横たわっています。私たちが尊敬する理論家や臨床家、あるいは自分たちの思考の土台となる理論が、日本の敗戦やプロパガンダ政策、そして占領政策に用いられ、脈々と生かされている。彼らの暴力的・攻撃的な側面だと言ってもよいでしょうし、米日の精神分析における「負の歴史」だと言えるかもしれません。大学院教育や訓練の過程においても、このような現代の精神分析史の負の側面を日本の精神分析的な臨床家たちはあまり知ることなく、こういった精神分析家の理論や実践を学び、実践しています。

この戦中から占領期にかけての対日戦略における米国精神分析家の活躍は、何も知らずに目の前の臨床に取り組む私たちの目を、社会的な事柄や歴史的な事実へと向けます。それは、分析室における日々の臨床実践や「純粋に」精神内的な求道や訓練を妨げるものになるかもしれませんが、精神分析の運動が内側からその理論と実践を批判的に発展させていくためにも、私たちはこの米日の精神分析における「負の歴史」を無視することはできないのではないかと考えます。

一九四六年の正月に天皇が人間宣言をおこない、日本は現人神《あらひとがみ》としての天皇を喪失しました。それによって「集合的なメランコリーの爆発」は即座には起きなかった一方で、現人神を失ったことに対する〝喪の作業〟もなされていません。

戦争中期から米国側の多くの精神分析家が対日プロパガンダ政策や占領政策の基本計画に参加していながら、現人神の喪の作業は、プログラムされなかったように見えます。これは何を意味しているのでしょうか。結果のひとつのかたちとして、日本社会は「復興」という防衛あるいは心理的努力を反復強迫的に繰り返しています。

しかしここで、私たちは態度を中途半端にして陰謀論に走らず、また一方で、この問題を無かったことにするわけでもなく、天皇の人間宣言の形成過程を《喪の不能》の観点から、注意深く、そこにいかなる精神分析のサイエンスの関与があり、どのような学問的な議論にもとづき、占領政策が進められたのか、歴史実証的に検討していく必要があるように思われます。

エピローグ——アジア・太平洋の精神分析

現在、国際精神分析協会（IPA *International Psychoanalytical Association*）では、これまでに定められた三つの地域区分「ヨーロッパ」地区、「北米」地区、「南米」地区に加えて、オーストラリア、中国、インド、日本、韓国、台湾（アルファベット順）からなる「アジア・太平洋」地区を成立させようという議論が起きています。

精神分析の地政学——デリダから

IPAアジア・太平洋地区の成立に向けて、二〇一八年五月、IPAはアジア・

太平洋大会を東京で開催しました（大会会長：北山修）。私はこの大会に通訳・翻訳者として参加していましたが、ここで私が翻訳で携わったのが、米国ロサンゼルスの分析家Peter Loewenbergによる招待講演でした。[1] Loewenbergは中国での精神分析の発展に貢献してきた人物で、彼自身も幼少期に上海で過ごし日本軍による上海占拠を経験しています。

Loewenbergは、アジア・太平洋地区における精神分析を考えるにあたって、フランス語圏の哲学者ジャック・デリダが一九八一年におこなったIPA批評を引用します。[2] デリダは「精神分析の地政学」について批評と脱構築を試みます。彼はIPAの地域単位に所属する国や地域の協会を詳細に調べたうえで、IPAの「地図」における精神分析世界には北米／ラテンアメリカ／ヨーロッパの三つの地域区分しかないことを指摘しました。

それを受けてデリダは冷笑しつつ、ヨーロッパは「まだ［精神分析が――引用者］触れられていないすべての区域、はっきり言うなら精神分析がまだ足を踏み入れていない世界のあらゆる場所」を包含していることを指摘します。[3] デリダは精神分析の発展、あるいは世界の精神分析化が植民地主義的であると示唆しました。

そしてLoewenbergは、百五十年にわたる西洋による搾取と帝国主義によってアジアが被った感情的な傷（外傷）や傷跡、そしてアジアにおける権利はく奪（植民地支配）が続いており、ＩＰＡでもそれが生じているのではないかと鋭く指摘したのです。

◇植民地主義的

アジア・太平洋地域にあるＩＰＡ傘下の組織は、前述のようにオーストラリア、中国、インド、日本、韓国、台湾（アルファベット順）にありますが、なんと現時点では、中国やオーストラリア、インドの組織は「ヨーロッパ地区」に属しており、日本・韓国・台湾の組織は「北米地区」に属しているのです！　ここに植民地状態の再現や欧米中心主義を指摘することができるかもしれません。

また、中国と台湾の組織がＩＰＡでは同等に位置づけられていることは、さまざまな議論を呼んでいます。アジア・太平洋地区の構想に現在は加入していませんが、レバノン、イスラエル、トルコにもＩＰＡの傘下組織があります。

　中国の訓練機関の設立に携わったLoewenbergは、この地域で訓練分析をおこなったときに、日本を含む帝国主義国家が参加した十五年戦争のトラウマが浮上することを指摘しています。[4] ＩＰＡ「アジア・太平洋」地区が成立するためには、地域の精神分析的臨床家たちが協力して、アジアにおける帝国主義の「トラウマ」と「罪悪感」そして〝恥〟について話し合っていく必要があります。

　Loewenbergの発表の指定討論を務めたのが、オーストラリアの精神分析家Maria Teresa Savio Hooke氏でした。オーストラリアは、白人入植者が住む前からそこに暮らしていたアボリジニに対する虐殺という負の歴史を抱えています。Hook氏は、侵略という悪の問題をもっているのは日本だけではなく、人類共通の問題であることを説きます。

　翻訳者として参加していた私を、Hooke氏はフランクフルトの精神分析家であるTomas Plänkers氏に紹介してくれて、私たちの交流が始まりました。Plänkers氏はミッチャーリヒらの著書『喪の不能』を紹介してくれました。また、ドイツの他の精神分析家も、戦後にドイツの精神分析が組織的に非常に苦しんだことを教えてくれました。彼らは、戦後にイギリスの精神分析家がドイツに訓練に来てくれて、イスラエルやユダヤ人の精神分析家たちとのコラボレーションのなかで、ドイツの精神分析家たちを助けてくれた、と言っていました。

その縁で私たちは、二〇一九年のIPAロンドン大会で、ミッチャーリヒらの観点からドイツと日本のナショナリズムについて検討するパネルを企画することになり、大会の学術委員会に受理されたのでした。

哀しむこと、をともに

二〇一九年七月、当時はコロナ禍の前で、安倍晋三政権が続いており、米国ではトランプが政権を握っていました。香港における民主派が弾圧されるという事件が起きる前で、台湾や南シナ海問題も表面化する前でした。

夏のロンドンで開催されたＩＰＡ学術大会の四日目、定員五〇名の会場は、満席どころか、床に座って聴こうとする分析家や立ち見の参加者で溢れかえっていました。文字どおり足の踏み場がないほどで、私はＩＰＡ本大会におけるこのテーマの関心の高さを痛感しました。Harold Blum〔米、APsaA 元会長〕、Nancy Goodman〔米〕、Neville Symington〔豪〕といった、各国の精神分析の発展に尽くしてきた精神分析家の出席を得たのです。

Plänkers 氏はミッチャーリヒらの精神分析理論[5]に基づいてドイツ社会を分析し

た成果を紹介しました。そのうえで、第一次世界大戦から第二次世界大戦、その後で東西ドイツの分裂といった歴史を、ミッチャーリヒらが指摘した「躁的防衛」の観点から分析しました。

すまない、こと

私の発表は、ミッチャーリヒらの社会分析理論を、丸山眞男や加藤典洋らの社会批判と連結し、戦中におこなわれたジェフリー・ゴーラーの精神分析理論や人類学にもとづく日本人論を概観しました。そして、北山修と橋本雅之よる古事記の分析に基づく「日本人の罪悪感」についての議論[6]から、日本における罪悪感の抑圧あるいは否認がナショナリズムを生み出していることを示唆しました。

そして、日本における〝すまない〟は多義的であること、つまり'I am sorry'という「謝罪」の気持と'It cannot be over'という「情緒的体験の終わらなさ」が含まれることを紹介し、それ故に「日本人は、罪悪感をはっきり語ることもトラウマを告白することも困難な心的状況にある」ことを議論しました。

発表後、出席者から強く肯定的な反応を受け、質疑では本テーマに関する日本からの発表を歓迎する声が相次ぎます。Blum 氏と Goodman 氏からは、今日の日本における「哀しむことのできなさ」について考えることを歓迎し、「この発表は〝哀しむこと〟を始めるきっかけになるのではないか、という言及がありました。非常に嬉しかったのが、中国の候補生から「いっしょに、わたしたちの過去に取り組みましょう」という発言があったことです。会場に大きな拍手が湧き上がりました。

一心に、耳を傾けてもらう

私が書くことや、話すことには、私自身がいろいろなかたちで現れています。部屋のなかを埋め尽くす精神分析家たちに、自分の発表を聴いてもらうのは、得難い経験でした。ふだん、一人ひとりの分析家の方々は、それぞれの分析室で一人で患者の話を聞いているはずです。そうした分析家の方々が大勢集まって、その聴く能力を最大に発揮している場を、想像できるでしょうか。部屋全体に「耳を傾ける」意志が、無意識的な力をも動員して、充満していました。

その部屋のなかで、私や私の父祖の抱える物語について話すのは、とても特別な経験だったのです――「アクティヴ・リスニング」「一心に耳を傾けること」――フロイトがかたちづくった精神分析がその根底にもつ力に、私は触れたような気がしました。そういった精神分析的という運動がもっている流れそのものに耳を傾けられている。精神分析という運動そのものが、私の話を聴くことで、〝哀しむこと〟について、その可能性を開こうとしている――そんな風に感じたのです。

あの部屋に満たされていた「耳を傾けることの積極性」、それを私は忘れることがないでしょう。そして、その力は私を通して、次の人へと渡されていくことになると思います。

◇アクティヴ・リスニング

誰かに、自分の意識を超えたところまで、自分が発しようとする声を聴こうとしてもらう経験――一心に耳を傾けてもらうこと。

おそらく私たち日本人に必要なのは、〝哀しむ〟場をもつことを許し、作業を助けてくれる第三者・第三項なのかもしれません。ここに、日本における「精神分析的臨床の社会的意義」のひとつを見いだすことができる、と私は思っています。

私たちの社会は大きな喪失を抱えていても、それを哀しむことができない構造が温存されている。――喪失に際して哀しむ〝喪の作業〟は、それに参与させるものに「痛み」と「哀しみ」をもたらすものですが、日本社会においても、哀しむことには大きな意味があるのではないかと感じています。

そして、トラウマや喪失の問題を抱えた人が、一人でも多く、この恩恵を浴びてもらいたいと思っています。

自分の意識を超えたところまで、自分が発しようとする声を聴こうとしてもらう経験

あとがき

最後までお付き合いくださり、ありがとうございました。

この本の冒頭で、よく知られた寓話《裸の王様》を例に、日本社会でスケープゴートが生まれてしまうプロセス、そして組織・社会のダイナミクスと個人のダイナミクスの渦について、お話しししました。

日本においては、『王様は裸だ』と言った人がなぜハブられ、スケープゴートになるのでしょうか。それは、本書で述べてきましたように、その言葉を耳にした周囲の人たちの多くが、あまりにも、その王様に没入的かつ依存的に自己を重ね合わせているからだと考えます。

これを本書では〈自己愛的な同一化〉と呼びました。王様に対する自己愛的な同一化が起きている場合、『王様は裸だ』という一言は、周囲の人たちにとっては「自分も裸だ」ということを指摘されたかのように感じるのです。そのため日本では、王様を笑うのではなく、声を上げた人を叩くということが起きる。

かたや寓話のなかの民衆は、それほど自己愛的な同一化が王様に対して起きておらず、ある種の独立性を保つことができているので、子どもの『王様は裸だ』という一言に、『そうだよね、王様は裸だ』と現実を受け入れることができ、民衆はその子どもと共に笑うことができました。

寓話では冒頭で、仕立て屋が招かれ、その仕立て屋がつくったという「世界最高の服」の物語（幻想）を王様はじめ大臣たちも信じたように振る舞います。王様も大臣たちも一度はおかしいと思ったはずです。なぜならその服は見えないのですから。

しかし仕立て屋から『ここに服があるのが見えないのですか？ それがわからないのはおかしい、変なのではないですか』と言われ、王様も大臣たちも「世界最高の服」の物語を信じたように振る舞うことになります。実際にはそんな服は無く、その服は空虚なものであるのに。服を着た気分にならなければいけない（服を着たように振る舞わざるを得ない）のです。組織・社会には、集団の圧力というものを作り出し、人に空虚な服を着させるところがあります。そして、王様も大臣も、自己のなかにそれに気づく基準をもっていない（もしくは失っている）ので、空虚な服がまるであるかのように、振る舞い続けるのです。

もしこの王様が、みずからが信じこんでしまった幻想をともに理解しようとする精神分析家を雇っていたら……どうだっただろう、と思います。その幻想の意味を理解し、それから降りる「訓練」さえ積んでいれば、このようなことにはならなかったでしょう。

あるいは、王様が他の国の王様と友好関係を結び、互いに冗談を言い合いながら切磋琢磨していれば、空虚な服を着ることはなかったかもしれません。いかんせん、この王様は国交を途絶えさせ、自分の国でのみ内政をおこっていました。周囲の大臣も、集団の雰囲気や圧力を読むことに長け、イエスと言う人しか配置していなかったのでしょう。王様が空虚な服を着ざるを得ない組織の構造は、仕立て屋たちが来る前から、既にそこにあったのです。

「服」というのは、発達の最早期から母親の代わりに赤ん坊を温め、赤ん坊を抱える母親の腕代わりとなるものです。王様が「世界最高の服」を求めていたというのは、最早期の母親を求める心が服に置き換わったのかもしれません。

この本のなかでも、イザナキ・イザナミ神話で描いたように、王イザナキは、最愛の妹であり、妻であり、母であるイザナミを失っています。しかしその〝喪失の痛み〟や、自分がイザナミを死に追いやった〝罪意識〟は、記憶の深く、記憶の泥の沼のなかに押しやっている。それどころか、根の国の宮殿を覗き腐りつつあるイザナミを見た衝撃から、「恐ろしいものを見せられた」「穢れた」と、みずからを被害者化し、被害の神話を作り出しました。日本においてはこの「神話的思考」が共有されているように思われます。

王も大臣も、そして民衆も、皆、自分の母を痛めつけ最愛の対象を損なった過去や罪を抑圧し、その抑圧の結果として、被害の神話を信じている。だからこそ『王様は裸だ』という声が、「あなたには母親がいない」「あなたは母親を傷つけた」という指摘にも等しく聞こえたのだと思います。深く抑圧された〝喪失の記憶〟が疼《うず》き、それは慄《おのの》きを生むのでしょう。

戦後の日本においては、米日の作為によって現人神《あらひとがみ》である天皇の喪失が哀しまれることはなく、現人神だった天皇は、「被害の神話」を象徴的に代表する王として生まれ変わりました。この転換は、イザナミ・イザナキ神話が共有される日本ではベストマッチだったと言えます。「被害の神話」を象徴する王様に対する告発は、それに同一化する周囲の民衆に対する罪の告発にも等しい。それは王様にも痛みをもって響くであろうし、同じ神話を共有する民衆や大臣にとっても、痛い。そこで、こころの抑圧を強固なものし、罪の記憶を再体験しないように、『王様は裸だ』と言った個人を集団的にハブり、排除するということが起きるのです。

この本で指摘してきたように、私たちが根源的に失っているのは、地位や名誉、あるいは体面ではなく、原始的な対象です〝喪失の痛み〟は、もとからそこにあり、むしろその喪失を認め、喪の作業をおこなうことこそ必要なのです。

私たちが失ったものを悼み〝喪の作業〟を回復し、哀しむことへ至るなら、日本における「裸の王様」の物語は、別の形となるかもしれません。告発する人をハブることなく、寓話のように、民衆は子どもと一緒に笑うことができる物語になるかもしれないのです。そして、それに気づいた王様も、子どもや民衆と笑い合うことができるのかもしれません。

＊　＊　＊

この本を読んでくださって、サイコセラピーという「対話のアート／サイエンス」に関心をもってくださり、自分もそれを受けてみたいと思っていただけますなら、とてもうれしいです。

組織・社会のなかで言葉を失ってしまった方、大切な人と別離してから自分が空っぽになったように感じている方や、ご自身が被った傷つきを抱えて生きづらさを感じている方にとって、よいサイコセラピスト・治療者に出会い、作業を始めることは、人生の大きな転回点になり得ます。

どうか、生きづらさを感じておられるときに、過度に自分のせいだと思わないでいただきたいのです。そこには、本書で述べてきたように、社会と深層のダイナミクスの渦があるかもしれないからです。

サイコセラピーは、その渦を無かったことにするわけでも、落ち込んでしまうわけでもなく、そこからご自身の心の深いところにある言葉を見つけ、声を発するためのお手伝いをすることができます。それは、ご自身の心の変化へとつながっていくかもしれませんし、ご自身の言葉で何かを社会に向けて発信していくきっかけとなるかもしれません。

＊　＊　＊

本書でのAさんのケースは、私の祖父母や両親の戦争や戦後の体験、そしてみずからの分析体験とともに、私が戦争や戦後を考えるうえでの根幹をなしています。このケースに私は多くのエネルギーを投じましたし、多くを学ばせていただきました。

セラピーの後期には、当初の症状の多くが改善し、Aさんは周囲の家族との情緒的な関係を築くことができました。高齢者の精神分析的サイコセラピーのケースとしても、戦中世代の長期の〝喪の作業〟の事例としても、多くのことを学ぶことができる経験でした。

このケースを経験したことをきっかけに、私は、東アジアにおける戦争や戦後について精神分析の観点で考えようとするようになりましたし、「社会的な喪」の問題や、日本の組織や社会における「タブー」の問題について考えるようになりました。

一方でこのケースは、マネージメントも含めて私の未熟さが現れたケースでもあり、何かを新しく学ぶたびに、「Aさんのケースで、あの時こうすればよかったのに、自分はなぜこうできなかったのだろう」「なぜ自分は組織の外にいる中立者の視点を得ながら、組織のダイナミクスを理解したうえで、開かれた状況のなかでうまくマネージメントができなかったのだろう」「なぜもっと早く、組織・社会のダイナミクスと個人のダイナミクスの両方を分析することを始めなかったのだろう」と、悔やむことばかりです。強烈な悔しさを感じるものでもあり、それはまだ哀しみにも至っていないものです。この悔しさは、とても「済む」ものでも「澄む」でもなく、ずっと私のなかに留まり、私はこのすまなさを抱えて、臨床をしていくのだと思います。私自身の訓練は始まったばかりであり、〝哀しむこと〟に向けた私の分析の作業はこれからも続いていきます。

＊　＊　＊

本書は、多くの方との議論に基づいて書かれました。

哀しむことをめぐる私の思索を、広い視野から見守ってくださっている北山修先生に心から感謝いたします。精神分析の訓練を続けてくださっているContemporary Freudian Societyの先生方にお礼申し上げます。私にサイコセラピーへの路を開いてくださった小谷英文先生、能幸夫先生、西川昌弘先生、苫米地憲昭先生、西村馨先生はじめ、先輩や同僚の先生方にお礼申し上げます。

この書籍は前述のように、二〇一九年の七月にロンドンで開催されたＩＰＡ *International Psychoanalytical Association* での発表にもとづいています。

常に励ましの言葉をくれているオーストラリア精神分析協会の Maria Teresa Savio Hooke 氏、ドイツ協会の Tomas Plänkers 氏に心より感謝します。ロンドン大会での発表にご参加いただいた精神分析家・精神分析的臨床家の先生方に心より感謝します。特に励ましのお言葉をいただいた Harold Brum 氏、Nancy Goodman 氏にお礼いたします。

International Dialogues Initiative の二〇二〇年のケースカンファレンスでは、ＩＰＡ会長の Harriet Wolfe 氏、Jerry Fromm 氏、Regine Scholz 氏に有益なコメントをいただきました。IPA Humanitarian Organization Committee の Chair の Vivienne Elton 氏をはじめとする委員の方々とのディスカッションにも多くを拠っています。本書は、先生方からのコメントに基づき、第一章から第四章を書き下ろしました。

日本でも「十五年戦争の喪失を哀しむこと」についての臨床家による議論が始まっています。本書の第六章は、二〇二一年八月におこなわれた現代精神分析研究会シンポジウム「怒りの不在あるいは抑制について――日本人の恥、罪、そして諦め」〔企画：北山修・荻本快〕での発表と討論に基づくものです。指定討論者の岡田暁宜先生、ガヴィニオ重利子先生をはじめ、ご参加いただいた臨床家の先生方に感謝いたします。日本文学者の高木信先生にも感謝します。第一章の喪の作業に関する議論は、『21世紀日本文学ガイドブック3 平家物語』〔ひつじ書房〕に収録される予定です。

Haim Weinberg 氏、Earl Hopper 氏は私の議論に強い関心をもち、彼らのシリーズ本 "Social Unconscious in Persons, Groups, and Societies" (Karnac) の章執筆者として私を招いてくれました。第六章の社会的無意識に関する議論は彼らとのディスカッションのなかで生まれたもので、シリーズ第四巻に掲載される予定です。

米国カリフォルニア大学ロサンゼルス校の Jeffrey Prager 氏、ロサンゼルスの New Center for

Psychoanalysis の Rina Freedman 氏、Jill Model Barth 氏、そして渡辺久子先生に心よりお礼申し上げます。すべての原稿に対して忌憚ない意見をくれた久保田剛史氏に感謝します。

木立の文庫の津田敏之さんには、長くこのテーマに関心をもっていただき、この難しい出版プロジェクトが形になるところまで、温かい声をかけ続けていただきました。原稿を注意深く読んでくださったうえで、読書の手がかりとなるキーワードやフレーズを抽出してくださいました。おかげで、この複雑な内容の本が、かなり改善したのではないかと思います。深く感謝します。

先の共編著『コロナと精神分析的臨床』〔木立の文庫、二〇二一年〕につづいて、造本デザイナーの寺村隆史さんに組版・装丁をしていただけました。限られた時間のなかで、とても美しい本に仕上げてくださいました。同じく前作につづいて坂本伊久子さんには、原稿を精読してくださったうえで、読者のイメージが深まっていくようなイラストを描いていただいています。ありがとうございます。

本書は相模女子大学出版助成費の助成を受けました。記してお礼いたします。

そしてAさん、『先生、わたしについて本を書いてくださいね』と言ってくださったAさんに、心からの尊敬と感謝の言葉を伝えたいと思います。Aさん、ようやくお約束を果たせました。

私をいつも励まし、共に喜んでくれる妻と二人の娘に感謝します。

二〇二二年二月十四日

荻本 快

7. フロイト, S. ／小此木啓吾訳（1970）「想起・反復・徹底操作」『フロイト著作集 6』人文書院, pp.49-58.
8. 北山修 (2018)『新版 心の消化と排出――文字通りの体験が比喩になる過程』作品社.
9. 福井七子 (2011)「ジェフリー・ゴーラーの日本人論」ゴーラー, G. ／福井七子訳『日本人の性格構造とプロパガンダ』ミネルヴァ書房, pp.171-263.
10. 福井七子 (2011) 同書.

エピローグ

1. Loewenberg, P. (2018) The History of Psychoanalysis in Asia Leading to the Development of a Fourth Asian-Pacific IPA Region. Asia-Pacific congress of International Psychoanalytic Association, Tokyo.
2. デリダ, J. ／吉田加奈子訳 (1994)「地球精神分析」『imago(イマーゴ)』Vol.5, No.6, 青土社, pp.214-236.
3. デリダ, J. ／吉田加奈子訳 (1994) 同書.
4. Loewenberg, P. (2018) 前掲発表.
5. ミッチャーリヒ, A. & ミッチャーリヒ, M. ／林俊一郎・馬場謙一訳 (1984)『喪われた悲哀――ファシズムの精神構造』河出書房新社.
6. Ogimoto, K. (2019) "Inability to mourn" (A. & M. Mitscherlich) and nationalism in Japan after 1945. 51st congress of the International Psychoanalytic Association, July 27th, London.
7. 北山修・橋本雅之 (2009)『日本人の〈原罪〉』講談社現代新書.

8. きたやまおさむ (2012) 前掲書 .
9. ミッチャーリヒ , A. & ミッチャーリヒ , M. ／林俊一郎・馬場謙一訳 (1984)『喪われた悲哀――ファシズムの精神構造』河出書房新社 .
10. 北山修・荻本快 (2021) 前掲誌 .
11. Marris, P. (2016). Loss and Change. Revised Edition, Routledge.
12. 北山修・橋本雅之 (2009) 前掲書 .
13. 村上春樹 (2017)『騎士団長殺し』新潮社 .
14. Hopper, E. & Weinberg, H. (2011) The social unconscious in person, group and societies: Mainly theory. Karrac
15. Volkan, V. (2002) The Third Reich in the Unconscious. Brunner-Routledge.
16. Nishimura, K. (2016). Contemporary manifestations of the social unconscious in Japan: post trauma massification and difficulties in identity formation after the Second World War. In: Hopper & Weinberg (2016), The Social Unconscious In Persons, Groups, and Societies. Volume 2: Mainly Foundation Matrices, pp.97-116. London: Karnac.

第５章　思い起こすこと、そして哀しみ

1. 荻本快 (2017)「日本の被爆トラウマの世代間伝達――否認・依存・断絶」国際基督教大学教育研究 , 59, 169-176.
2. MBT Clinicians Japan (2022)「Epistemic Trust を日本の文脈で捉えなおす」MBT Clinicians Japan 設立記念シンポジウム（荻本快・ガヴィニオ重利子・Chloe Campbell・西田佐希子・上田勝久・岩倉拓）2022 年 1 月 29 日 , オンライン開催 .

第６章　加害と被害、両方を生きる

1. きたやまおさむ (2021)『ハブられても生き残るための深層心理学』岩波書店 .
2. 北山修（1983）「戦争を知らない子供たち '83」作曲：坂庭省悟 .
3. Searles, H. (1956). The psychiatry of vengefulness. Psychiatry, 19, p.313.
4. 金菱清ゼミナール (2016)『呼び覚まされる――霊性の震災学』新曜社 .
5. 孫歌 (2016)『アジアを語ることのジレンマ――知の共同空間を求めて』岩波書店 .
6. ミッチャーリヒ , A. & ミッチャーリヒ , M. ／林俊一郎・馬場謙一訳 (1984)『喪われた悲哀――ファシズムの精神構造』河出書房新社 . p.9.

ロイト著作集6』人文書院, pp.195-253.
6. ミッチャーリヒ, A. & ミッチャーリヒ, M.／林俊一郎・馬場謙一訳 (1984) 前掲書, p.75.
7. きたやまおさむ (2021)『ハブられても生き残るための深層心理学』岩波書店.
8. ミッチャーリヒ, A. & ミッチャーリヒ, M.／林俊一郎・馬場謙一訳 (1984) 前掲書, p.75.

第3章　日本の中心に浮かぶ、緑の島へ

1. ベネディクト, R.／長谷川松治訳 (2005)『菊と刀』講談社学術文庫.
2. ゴーラー, G.／福井七子訳 (2011)『日本人の性格構造とプロパガンダ』ミネルヴァ書房.
3. 加藤哲郎 (2005)『象徴天皇制の起源——アメリカの心理戦「日本計画」』平凡社新書.
4. 島薗進 (2010)『国家神道と日本人』岩波新書.
5. ゴーラー, G.／福井七子訳 (2011) 前掲書.
6. ゴーラー, G.／福井七子訳 (2011) 前掲書.
7. 加藤典洋 (2015)『9条入門』創元社.
8. 加藤典洋 (2015) 同書.
9. 加藤典洋 (2015) 同書.
10. 磯前順一 (2019)『昭和・平成精神史——「終わらない戦後」と「幸せな日本人」』講談社.
11. 三島由紀夫 (2020)『手長姫・英霊の声』新潮文庫.
12. 佐藤秀明 (2006)『三島由紀夫——人と文学』勉誠出版.
13. ゴーラー, G.／福井七子訳 (2011) 前掲書.
14. 小森陽一 (2001)『ポストコロニアル』岩波書店.

第4章　罪の感覚、「すまない」物語

1. 丸山眞男 (2015)「超国家主義の論理と心理」杉田敦編『丸山眞男セレクション』平凡社.
2. ゴーラー, G.／福井七子訳 (2011)『日本人の性格構造とプロパガンダ』ミネルヴァ書房, p.23.
3. きたやまおさむ (2012)『帰れないヨッパライたちへ——生きるための深層心理学』NHK出版, p.93.
4. 北山修・橋本雅之 (2009)『日本人の〈原罪〉』講談社現代新書.
5. 北山修・荻本快 (2021)「コロナと日本人——神話的思考を超えて」『精神療法』47(2), 金剛出版, pp.14-19.
6. きたやまおさむ (2012) 前掲書, p.103.
7. 坂口安吾 (2000)『堕落論』新潮社.

引用文献

プロローグ

1. 孫歌 (2016)『アジアを語ることのジレンマ——知の共同空間を求めて』岩波書店 .

第１章　哀しむ、ということ

1. フロイト , S. ／井村恒太郎訳 (1970)「悲哀とメランコリー」『フロイト著作集 6』人文書院 , pp.137-149.
2. キノドス , J. ／福本修監訳 (2004)『フロイトを読む——年代別に紐解くフロイト著作』岩崎学術出版社 .
3. キノドス , J. ／福本修監訳 (2004) 同書 .
4. ミッチャーリヒ , A. & ミッチャーリヒ , M. ／林俊一郎・馬場謙一訳 (1984)『喪われた悲哀——ファシズムの精神構造』河出書房新社 .（原題は Die Unfähigkeit zutrauern——本書では『喪の不能』と訳す）
5. 高木信 (2021)『亡霊論的テクスト分析入門』水声社 .
6. Bach, S. (2016) Chimeras and other writings: Selected papers of Sheldon Bach, Ip books.
7. フロイト , S. ／中山元訳 (1996)「快感原則の彼岸」館田青嗣編『自我論集』ちくま学芸文庫 .
8. Segal, H. (1987) Silence is the real crime. International Review of Psychoanalysis, 14, 3-12.

第２章　哀しむ、ことができない

1. ミッチャーリヒ , A. & ミッチャーリヒ , M. ／林俊一郎・馬場謙一訳 (1984)『喪われた悲哀——ファシズムの精神構造』河出書房新社 .
2. Leuzinger-Bohleber & Plaenkers (2019).The struggle for a psychoanalytic research institute: The evolution of Frankfurt's Sigmund Freud Institute. International Journal of Psychoanalysis, 100, 962-987.
3. Pläenkers, T. (2019) "The Inability to Mourn" (A. and M. Mitscherlich): Psychic coping with the situation in Germany after 1945. 51st congress of the International Psychoanalytic Association, July 27th, London.
4. ミッチャーリヒ , A. & ミッチャーリヒ , M. ／林俊一郎・馬場謙一訳 (1984) 前掲書 , p.29.
5. フロイト , S. ／小此木啓吾訳 (1970)「集団心理学と自我の分析」『フ

著者紹介

荻本 快（おぎもと・かい）

国際基督教大学大学院教育学研究科博士後期課程修了、博士（教育学）。

相模女子大学学芸学部 准教授、相模女子大学子育て支援センター相談室コーディネーター。米国ニューヨーク州 Contemporary Freudian Society (IPA) Candidate、米国ロサンゼルス New Center for Psychoanalysis (APsaA) Member.

著書と論文：『コロナと精神分析的臨床――「会うこと」の喪失と回復』〔共編著〕木立の文庫／『現代心理学入門』〔共著〕ナカニシヤ出版／『生涯発達臨床心理学』〔共著〕大学図書出版／『青年期初期における両親への同一視の意味』〔博士論文〕。"Inability to Mourn" (A. & M. Mitscherlich) and nationalism in Japan after 1945. International Psychoanalytical Association, 51st Congress in London, 27th July 2019. ／ Inability to mourn in Japan after WW2: In between both perpetrator and victim. International Psychoanalytical Association, 52nd Congress, Pre-congress of IPA and Humanitarian Organization Committee, 20th July 2021. ／ Trauma and guilt in Japan: A case of large group. International Dialogue Initiative Case Conference, 30th September, 2020. ／「日本の被爆トラウマの世代間伝達――否認・依存・断絶」『国際基督教大学 教育研究』59, 169-176, 2017. ／「後期青年期女性の母親イメージの分化」『集団精神療法』37(2), 245-253, 2021. ／「メンタライゼーションに基づく治療（MBT）――Not knowing の意義と集団療法の実践」『精神科』40(3), 391-396, 2022.

主な関心：精神分析、集団療法・集団過程、メンタライゼーションに基づく治療（MBT）

哀《かな》しむことができない
社会《しゃかい》と深層《しんそう》のダイナミクス

2022年3月30日　初版第1刷発行

著　者　荻本 快

発行者　津田敏之

発行所　株式会社 木立の文庫
京都市下京区
新町通松原下る富永町107-1
telephone 075-585-5277
faximile 075-320-3664

造本・組版　寺村隆史
イラスト　坂本伊久子
印刷製本　亜細亜印刷株式会社

ISBN978-4-909862-23-5 C1011

コロナと精神分析的臨床

「会うこと」の喪失と回復

荻本 快・北山 修［編著］

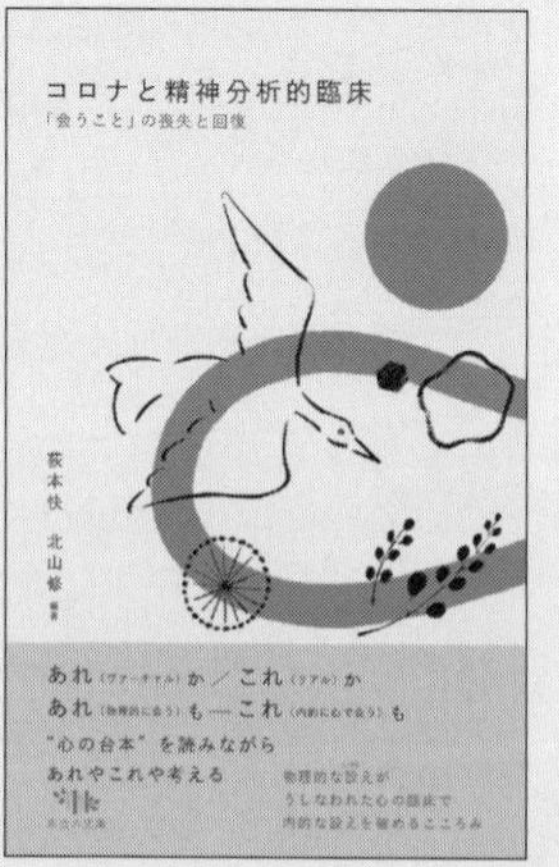

オンラインでもサイコセラピーは可能？

離れていても「心で会う」ポイント！

人は独りでは生きていけません。ところが困ったことに、“密に”会いにくい「コロナ時代」が訪れました。──本書では、「人の出会い」を眼差す精神分析にヒントを得て、物理的に会えない場で“心が通う”可能性を探します。心理支援職・対人援助職、そして「リアルな対話」を求める方々に届けたい、示唆に富む一冊です。

四六変型判上製272頁
定価2,970円（本体2,700円＋税）／2021年3月刊行
ISBN978-4-909862-17-4